No me olvides

Olga Hernandez

Contents

Capítulo uno

Mis oídos zumban, mi vista está borrosa, solo escucho un pitido una y otra y otra vez. Parpadeó tratando de enfocar mi visión y escucho una puerta abrirse.

—¿Señorita Barrow? —escucho a alguien decir pero su voz se escucha lejana, distante.

—¿Donde estoy? —digo con voz ronca.

—En el hospital.

¿Qué?

Mis ojos se abren inmediatamente y todo lo que veo es blanco; las paredes, las sabanas, las gruesas cortinas, la bata de la doctora que está revisando mis signos vitales.

—¿Como se siente? —pregunta la mujer de espaldas a mi. Su pelo rubio cenizo esta recogido en un moño bajo perfectamente peinado.

¿Como me siento?

—Me duele la cabeza —logro decir.

—¿Algo más? —ella se voltea y me observa fijamente con sus ojos castaños detrás de esas gafas. Parece ser una mujer de treinta y tantos.

—Agua — es lo que logro decir, ella asiente y camina hasta el otro extremo de la habitación y toma un vaso de agua luego vulve y me lo ofrece.

Mis manos tiemblan al tomarlo, siento que es lo más pesado del mundo o simplemente estoy demasiado débil. Me bebo el agua como si hubiese pasado días en el desierto, al terminar limpio las comisuras de mi boca.

La doctora me mira, atenta, con una pequeña sonrisa en sus finos labios. Le devuelvo el vaso y paseo la mirada por la habitación hasta fijarme en la ventana, afuera esta oscuro y las luces de la ciudad son lo único que logro ver a la distancia.

Aún con la mirada perdida en las luces pregunto:

—¿Cuanto tiempo he estado aquí? —me giro hacia ella que esta ojeando unos papeles, de seguro mi expediente medico.

—Una semana —dice con la mirada perdida en los papeles.

Una semana.

—¿Mi hermana...?

—Ha estado todo el tiempo junto a usted.

Asiento lentamente.

—¿Donde está ahora?

—Ella... —la doctora se detiene con el sonido de la puerta abriéndose, un momento después mi hermana mayor Aria aparece detrás de está, cuando me ve sonríe y camina hacia mi.

—¿Como te sientes? —pregunta envolviendo sus brazos alrededor de mi cuello.

—Bien —digo devolviéndole el abrazo—. Cansada —ella se aparta y me lanza una mirada rápida, yo hago lo mismo con ella que luce cansada y aún así en su rostro se dibuja una sonrisa.

—Ya te sentirás mejor —su pulgar acaricia mi mejilla derecha y yo sonrió.

—Lo estaré —concuerdo.

—Debes estar hambrienta ¿no?

Yo niego con la cabeza.

—Solo quiero ir a casa —al decir eso su sonrisa desaparece.

—¿A casa? —pregunta, su expresión se ha vuelto neutra pero el sonido de su voz deja claro que no le gusta la idea—. ¿Estás segura?

Yo frunzo levemente el ceño.

—Si, a casa —repito.

Ella y la dctora se miran por un momento, una mirada que me dice que no podré volver a casa como esperaba.

—¿Qué pasa? —pregunto.

La doctora se aclara la garganta.

—Hemos estado conversando sobre tu diagnostico y creemos que lo mejor sería que te quedarás un poco más para...

—Lo que la doctora quiere decir es que estarás mucho mejor aquí. Estarás más segura...

—¿De qué? —la interrumpo—. ¿Más segura de qué? ¿De mi misma? —pregunto irónica.

—Hunter, esto es lo mejor para ti.

—Aria, me quieres dejar aquí encerrada ¿Como puede eso ser bueno para mi?

—Entiéndelo, eres un peligro para ti misma.

Mis labios se abren e inmediatamente se vuelven a cerrar con fuerza, mi mandíbula se tensa y mi pulso se dispara. Mi hermana y yo mantenemos una guerra de miradas que ella termina perdiendo cuando mira a la doctora y esta asiente.

—Las dejaré solas —dicho esto, sale de la habitación dejándonos a mi hermana y a mi en un silencio incomodo.

Yo fijo la mirada en la ventana.

Aria se acerca.

—Ni lo pienses —la detengo.

—Por favor...

—No.

—Hunter —esta vez si la miro, directamente a los ojos, los de ella están cansados y húmedos—, es por tu bien.

No digo nada.

Ella pasa saliva y continúa:

—No puedo cuidarte todo el tiempo. Tengo que trabajar, tengo una vida...

—Yo solía tener una.

Ella asiente, incómoda.

—Lo sé y te entiendo, pero...

—Pero crees que no soy autosuficiente. Crees que no puedo cuidarme. Crees que soy débil. Crees que necesito tu protección ¿cierto?.

Su expresión se endurece, sus labios forman una fina linea y su mandíbula se tensa. Está molesta.

—Desapareciste por 32 horas. No supe nada de ti en todo ese tiempo ¿Como crees que me sentí? ¿Sabes si quiera lo angustiada que estuve? Te busqué por todos lados y estuviste inconciente por una semana.

Siento mis ojos humedecerse.

—No quiero que nada te pase, eso es todo. Quiero cuidarte.

—¿Quieres cuidarme o simplemente no quieres sentirte culpable?

Ella me mira pero no dice nada, sé que he dado en el blanco, en su punto débil, así que continuó.

—No quieres sentirte culpable de que yo resultará herida de por vida y tu no ¿cierto?. Te sientes culpable por lo que pasó y quieres intentar resolverlo de esta manera, dándome tu lástima. ¿Adivina que hermanita? No la quiero.

—No es lastima, Hunter, yo solo me preocupo por ti.

—Tú tienes una vida, yo también tengo una.

—¡Una vida que no recuerdas! —grita—. Me sorprende que aún recuerdes mi nombre, mi cara o tu propio nombre.

Yo frunzo el ceño, molesta.

—Sal de aquí —ella no hace nada—. ¡Que salgas de aquí! —siento unas gruesas lagrimas rodar por mis mejillas hasta mi mentón—. Solo vete.

Ella asiente y segundos despues estoy completamente sola con la vista borrosa, sollozando.

Miró alrededor y mis ojos se detienen en la mesita auxiliar a mi Izquierda, sobre ella hay un collar de plata que recuerdo, lo tomo. Tiene algo grabado; Hunter Barrow, pongo los ojos en blanco pero sigo leyendo, 19 años y finalmente un número telefónico, de seguro el de mi hermana.

Las lágrimas se acumulan en mis ojos y lanzo el collar hasta el otro extremo de la habitación.

Un estupido collar con mi nombre y dirección como si fuera un perro.

Abrazo mis rodillas contra mi pecho mientras las lagrimas siguen empañando mi vista.

—Mamá, Papá, no los olvidaré, nunca, lo prometo —susurré en la oscuridad hasta quedarme dormida.

¥¥¥

El sonido de la puerta abriendose me despierta. Abro lentamente los ojos y los cierro nuevamente, parpadeo hasta acostumbrarme a la luz.

Miró hacia la puerta, la doctora está parada en el marco de está, mirándome.

Me acomodo en la cama y le devuelvo la mirada.

—Buen día —dice sosteniendo unos papeles. Ella camina hasta el pie de la camilla—. Soy April, tu doctora ¿me recuerdas?

Me gustaría poner los ojos en blanco pero solo me limito a asentir lentamente.

Ella sonríe.

—Muy bien —la doctora deja los paleles sobre la mesita donde estaba el collar y toma un pequeño banquillo—. Hable con tu hermana y decidí que voy a darte el alta, pero antes debo hacer un examen de rutina...

—Sé lo que es un examen de rutina —a pesar de que la interrumpí ella asiente.

—Perfecto, ahora, mira hacia la luz —dice y pone una linterna frente a cada uno de mis ojos, luego me mide la presión cardiaca, revisa si tengo alguna contusión, revisa mis articulaciones y mi nivel sanguíneo—. Muy bien, ahora, abre la boca —hago lo que me pide y ella introduce una paleta de madera mientras me examina—. Todo parece estar en orden.

Yo asiento.

—Pero debes comer, estar hidratada —dice quitándose los guantes—. Come frutas y vegetales.

—¿Que tengo? ¿Seis años? —pregunto y ella sonríe.

—Sé que no pero estás débil, necesitas vitaminas.

—¿Algo más? —le pregunto.

—Los mariscos son buenos para la memoria —Yo la miro mal—. Fue un mal chiste ¿cierto?, Perdona.

Ella camina hasta la puerta pero se detiene antes de abrirla.

—Sobre la mesa a tu derecha esta el alta firmada y tus pertenencias están en esa bolsa plastica frente a ti —miro a la bolsa sobre la cama—. Tu hermana estará esperándote fuera —avisa—. Nos vemos, Hunter —dicho esto abre la puerta y se va.

Yo dejo escapar un largo suspiro y me arranco los cables que tengo pegados al brazo.

—¡Mierda! —grito al sentir la cinta adhesiva despegarse de mi piel.

Tomo la bolsa con mis cosas y caminó hasta el baño, enciendo la luz y me acerco al espejo y me quedo estática viendo mi reflejo. No reconozco a la persna que está frente a mi.

Mi pelo está enredado y reseco, mis ojos están apagados, cansados, con unas marcas rosáceas debajo de estos, mis mejillas están descoloridas y mis labios quebradizos.

Apoyo mis manos sobre el lavamanos.

—¿Quién eres? —preguntó—. ¿Quién eres y que hiciste con la Hunter del pasado? La que solía recordar —dejo de mirarme y abro el grifo, me lavo la cara, los dientes y finalmente miro mi cabello que está hecho un desastre.

En un extremo del lavamanos hay unas tijeras, respiro hondo antes de tomarlas. Tomo un pedazo de mi cabello y no lo pienso dos veces antes de cortarlo a la altura de la barbilla.

Dejó caer mi cabello al basurero y sigo con el otro lado.

Después de tomar un baño salgo al pasillo con el permiso de salida firmado por la doctora April.

Caminó por los pasillos y todo lo que veo son personas con cara de que odian la vida y no quieren estar aquí, aparte de las embarazadas que dan a luz, esas tienen una expresión de total cansancio.

Escuchó llantos, tanto de trsiteza como de felicidad, de bebes y mamás. Tantas cosas pasan aquí, tantas vidas van y vienen, y yo no recuerdo la mayor parte de la mía...

Llegó a recepción con el permiso en mis manos y me coloco en la fila, hay dos premisas delante de mi y siento como se forman más detrás.

Paseo la vista por todo el lugar viendo a las personas que van y vienen, pero mi mirda se detiene en el chico conectado a un tuvo de oxigeno y luego a sus ojos que estan cerrados se ve calmado...

—¡Siguiente! —grita alguien sacándome de mi ensoñación. Ya es mi turno.

Le doy el papel a la mujer detrás del vidrio y ella lo ojea.

—Paciente Barrow, Hunter —me mira y asiento. Ella toma un sello de salida y estampa el papel—. Puede irse, la están esperando fuera.

Sé que es mi hermana quién me está esperando así que me acerco a la mujer y pregunto:

—¿No hay alguna otra salida en este hospital? ¿Una salida de emergencia o algo? —ella me mira con el ceño fruncido.

—No estoy autorizada a decir ese tipo de información.

—¿Qué? ¿Por qué no?

—Porque está en contra de la política del hospital.

—¿Y que pasa si hay un incendio o una bomba? ¿Como vamos a saber a donde ir?

Ella se altera porque he alzado la voz.

—Señorita, baje la voz, por favor. Y salga de una buena vez, hay más personas formándose.

Yo pongo los ojos en blanco.

—Es una mierda de política —digo entre dientes antes de apartarme del mostrador.

Doy pasos lentos e indecisos hasta la salida y termino parada justo frente a la puerta. Siento las palmas de mis manos húmedas.

—¿Vas a salir o no? —pregunta alguien detrás de mi.

Me encojo de hombros.

—No sé si quiero salir.

—Pues apártate, porque yo si quiero. —me giró molesta a encargarlo e inmediatamente miró sus ojos, rojos y dilatados. Me quedo en shock.

Él me mira con una ceja alzada. Sus ojos fijos en los míos.

—¿Y? ¿Te vas a mover o no? —pregunta con voz calmada haciéndome apartar la vista de sus ojos.

Yo abro la boca para hablar pero la cierro. Me aparto de la puerta y lo dejo pasar. Él me mira por el rabillo del ojo y Antes de salir pregunta:

—¿Por qué no quieres salir?

Yo parpadeó un par de veces antes de responder:

—Creó que tengo miedo.

Él me mira por un largo momento, luego me extiende su mano, yo la miro, incrédula.

—Conozco otra salida. ¿Vienes? —su pregunta me toma por sorpresa pero todo sea por evitar a mi controladora hermana.

Yo sonrió y aceptó.

Capítulo dos

Esto no es nada nuevo, me repetí a mi misma abrazando mis codos, tratando de cubrirme del frío. Ya ha pasado antes. Ya me he perdido antes.

Y siempre vuelvo a casa.

Cerré los ojos con fuerza y respiré profundamente por la nariz, dejando escapar el aire por la boca viendo mi propio aliento frente a mi rostro.

El sol se había puesto, estaba oscuro. El cielo sin estrellas se cernía sobre mi, y yo estaba ahí, parada en una esquina, sin saber como diablos había llegado ahí o como volver a casa.

El viento frío golpeaba mi cara y mechones de mi cabello me hacían cosquillas en las mejillas.

Apoyé la espalda de una pared detrás de mi y me deslicé hasta llegar al suelo. Abracé mis rodillas contra mi pecho.

¿Como llegué aquí?

Traté de recordarlo pero en mi cerebro solo había lagunas.

Recuerdo el hospital. Estaba en un hospital. Recuerdo a la mujer alta de pelo rubio recogido, llevaba una bata blanca, la doctora. A ella a mi hermana. La discusión.

Los vagos recuerdos se fueron repitiendo una y otra vez como flashes. Rápidamente, uno tras otro. Imágenes sin sentido y por último, los ojos rojos y la mano.

La palma de la mano que tomé.

Recuerdo el apretón y luego todo se vuelve borroso y sin sentido.

La sensación de mis dedos sobre los suyos...

Luego mi mente hace clic, el chico. Recuerdo haber escapado con él. ¿Donde estará ahora?, tal vez se fue y me dejo aquí creyendo que yo era una persona normal que sabe como regresar a casa.

—Mierda —me llevé las manos al pelo, desordenándolo por la frustración de no poder hacer nada.

Cierro fuertemente los ojos, como solía hacer cuando era una niña, pensando que así mis problemas se resolverían. Una sonrisa se forma en mi rostro al pensar en eso, ahora la vida es difícil, no puedo simplemente cerrar los ojos y hacer como si no supiera que estoy enferma.

Aún con los ojos cerrados apoyo mi cabeza en el muro detrás de mi mientras que mis manos descanzan sobre mis rodillas. En cuestión de segundos me olvido del mundo, no hay ruido y solo estamos el frío de la noche y yo.

Estoy en mi mundo, donde no hay preocupaciones.

Luego el ruido de un encendedor rozando la punta de un cigarrillo llega a mis oídos, arrugo la nariz cuando el olor del humo llega hasta mi, cada vez más y más cerca. Siento movimiento y luego pisadas, y por último un ruido sordo. Alguien a mi lado.

Abro un ojo y miro a mi izquierda, veo un perfil oscuro por la falta de luz sentado en la misma posición que yo; con la cabeza apoyada sobre el muro detrás de nosotros, los ojos cerrados y un cigarrillo entre sus dedos.

Abro ambos ojos y volteo mi rostro hacia él que siente mi mirada sobre su perfil y abre un ojo, justo como he hecho antes.

Yo frunzo el ceño pero no digo nada. Él abre ambos ojos y me ofrece el cigarrilo sin decir nada, yo lo miro, pensativa, pero finalmente acepto. lo tomo y le doy una calada larga y profunda, sintiendo el escosor del humo en mi garganta y pulmones. Cierro los ojos otra vez y le devuelvo el cigarrillo.

Nos quedamos un largo rato en silencio, con el olor del humo volando entre nosotros.

—Pensé que te había perdido —dice, su voz profunda es lo único audible en el silencio de la noche.

Yo abro los ojos, otra vez, con el ceño levemente fruncido.

—¿Te conozco? —pregunto confundida. Él gira su rostro hacia mi.

—No me recuerdas —dice volviendo su mirada a la nada, y no se si es una afirmación o una pregunta.

¿Eso quiere decir que si lo conozco?

Y luego los flashbacks vuelven a mi mente como un video en cámara rápida; la mano, los ojos, la sonrisa, el hospital.

—Eres el chico del hospital ¿no es así? —él no me mira pero puedo ver la sonrisa ladina que se forma en su rostro.

Me quedo mirándolo en silencio sin saber que decir.

—Gracias —digo finalmente.

—¿Por qué? —pregunta sin mirarme.

—Por ayudarme a escapar. Creo que te debo una explicación.

—Ya me la diste.

—¿Ah si? —pregunto.

Él asiente.

—De camino acá.

Yo miro alrededor viendo oscuridad. Literalmente estamos en medio de la nada.

—¿Y donde se supone que es acá? —pregunto con ironía pero él no responde, se mantiene sereno y en silencio, con la colilla del cigarrillo entre sus dedos.

Se forma un silencio entre ambos, un silencio disntito a los otros. Un silencio agradable.

—¿Que he dicho antes? —pregunto—, de camino acá —aclaro.

Él se toma su tiempo, buscando una respuesta corta y sencilla:

—Hablas mucho.

Una sonrisa tira de las comisuras de mi boca.

—Si, lo sé.

Lo veo buscar entre los bolsillos de su sudadera y saca algo, un celular, mi celular, me lo extiende, yo lo tomo.

—Tú hermana ha estado llamando —dice, yo reviso la pantalla donde hay 37 mensajes de Aria y unas 20 llamadas perdidas. Pongo los ojos en blanco.

Apago el celular y se lo entrego.

—No quiero hablar con ella —él mira el celular en mi mano y alza una ceja.

—Es tu hermana —dice lo obvió, yo no digo nada—. Debe estar preocupada —él insiste.

—Siempre está preocupada —digo soltando un largo suspiro.

Él hace lo mismo.

—Me hubiese gustado tener a alguien que se preocupara por mi antes.

Yo lo miro con una ceja alzada.

—¿Que quieres decir? —preguntó pero otra vez permanece en silencio, perdido en sus recuerdos.

—Dijiste que perdiste a tus padres en un accidente y desde ese día no recuerdas —dice de repente tomándome por sorpresa, yo paso saliva cuando los recuerdos vienen a mi mente. Se lo conte todo—. Dijiste que tu hermana se siente culpable por como te dejo y por eso te sobre protege —siento mi pulso acelerarse, él se gira hacia mi—. ¿No crees que tal vez ella tenga miedo? —pregunta haciéndome fruncir el ceño.

—¿Miedo? ¿A que te refieres?

—Perdieron a sus padres, solo le quedas tú. Tal vez ella tenga miedo de perderte también.

Yo no digo nada, permanezco en silencio abrazando mis rodillas contra mi pecho mientras que sus palabras resuenan una y otra vez dentro de mi cabeza.

Tal vez ella tiene miedo.

—¿Tú no tienes miedo? —pregunta sacándome de mi ensoñación.

—¿A qué? —pregunto, la molestia clara en mi voz.

—Miedo de quedarte sola. Miedo de perderte.

—Probablemente lo olvidaría —digo esquivando el tema.

—Deberías volver —dice sin mirarme.

—¿Y tú qué sabes? —pregunto molesta, sin mirarlo.

—Nada, pero supongo que es mejor dormir en una cama de verdad con un techo sobre tu cabeza en vez de morirte de frío en la calle.

Yo me giro hacia él, molesta.

—¿Lo sabes por experiencia propia? —pregunto sarcástica, él asiente con la mirada perdida en algún punto en la oscuridad.

Yo lo miro, incrédula.

Él se pone de pie y se para frente a mi extendiendome su mano una vez más, yo la miro con una ceja alzada luego lo miro a él.

Ambos nos miramos en silencio hasta que dejo escapar un suspiro y me decido a tomar su mano, sus dedos fríos, como los míos.

Ambos frente a frente, con nuestrros alientos mezclándose.

Luego sus dedos dejan los míos y lo veo quitarse la sudadera, luego me la extiende.

—Estas temblando —dice y luego, como si nada, empieza a caminar dejándome atrás.

—¡Oye! —le grito corriendo detrás de él hasta alcanzarlo, igualo su caminata y me coloco a su derecha—. ¿A donde vamos? —le pregunto.

—Te llevaré a casa.

—¿Sabes donde queda? —pregunto confundida, él asiente—. ¿Como lo sabes?

Silencio, luego una sonrisa tira de las comisuras de su boca pero él solo se encoje de hombros.

Yo lo miro con el ceño fruncido.

—No eres un psicopata o algo así ¿cierto?

Una risa ronca brota de su boca.

Luego se detiene y se gira hacia mi, sus ojos fijos en los míos.

—Si fuera un asesino ¿crees que seguirías viva?

Un escalofrío me recorre, pero en vez de reaccionar como cualquier persona normal, le sonrió de vuelta.

C apítulo tres

¿Las manos pueden recordar? Me pregunte a mi misma, mirando fijamente la palma de mi mano y rozándola con mis dedos, sintiendo un cosquilleo debajo de la piel.

Él había soltado mi mano hace un rato, ahora caminaba a mi lado, con las manos dentro de los bolsillos del pantalón y la mirada fija al frente, mientras que yo aún sentía su tacto.

Una brisa fría hizo que pequeños mechones de mi pelo se sacudieran, haciéndome cosquillas en las mejillas, la sensación duró poco, pero la recordaba.

¿La piel puede recordar? Me pregunte otra vez, tal vez si mi mente no podía guardar recuerdos mis otros sentidos si podrían, o solo era imaginación mía.

Doblamos a la izquierda e inmediatamente reconocí la casa frente a mi, a unos cuantos pasos de distancia. La casa de mis padres que ahora pertenecía a mi hermana y a mi.

Dejé escapar un suspiro, dudando en si volver o no.

Me detuve, él se giro hacia mi para mirarme con el ceño levemente fruncido.

—Gracias —le dije—. Yo puedo sola desde aquí.

Silencio. Solo me miro, otra vez, con una expresión neutra en su rostro.

—¿Estas segura? —preguntó, yo asentí nerviosamente. Él enarco una ceja—. No correrás cuando me de la vuelta ¿o si? —yo le fruncí el ceño.

—¿Por qué haría algo así?

Él sonrió.

—Lo hiciste —dice con burla—. Corriste como unas tres veces después de que salimos del hospital diciendo que no querías volver a casa. Tuve que perseguirte.

Yo parpadeé, avergonzada y sin saber que decir.

—Mientes —dije finalmente, a la defensiva.

Él negó lentamente con la cabeza.

—Vamos, te llevaré hasta la entrada —y sin preguntar, tomó mi mano otra vez y el cosquilleó volvió, leve, pero aún así pude sentirlo.

Caminamos a paso lento hasta la casa, las luces estaban encendidas, yo no estaba segura de que hora era, probablemente muy tarde, pero las luces seguían encendidas.

Subimos los escalones de piedra hasta la puerta roja, él, aún con mi mano enlazada a la suya, tocó la puerta con la otra mano.

Yo mordí mi labio inferior, nerviosa de repente.

La puerta no se abrió.

Él volvió a tocar sin obtener respuesta.

—No hay nadie —dije sonriendo—. Vámonos —y me giré, lista para irme, pero él me halo hacia atrás.

—¿Ir a donde? —preguntó, serio.

—No lo sé ¿a un McDonalds? —él negó con la cabeza.

—Esperaremos a tu hermana —dijo cortante.

—¿Como sabes que está aquí? —pregunté.

Su respuesta fue rápida.

—No lo sé, solo no quiero dejarte en la calle, por la noche, sola.

Yo le sonreí.

—¿Qué? —él preguntó.

Negué con la cabeza.

En ese momento los faros de un auto nos iluminaron, yo cerré los ojos con fuerza por la molestia de la luz. Escuché el motor apagarse y luego portazos.

Cuando las luces se apagaron abrí los ojos, parpadeando, para aclarar mi vista. Lo primero que vi fue a mi hermana corriendo hacia mi con los brazos extendidos.

Aria se abalanzó sobre mi, envolviendo sus brazos alrededor de mi torso y mis brazos, casi dejándome sin aliento.

Luego sentí sus dedos abandonar los míos.

Le devolví el abrazo a Aria.

—Dios —ella susurró, su cabeza enterrada en el hueco entre mi cuello y mi hombro—. Que bueno que estas bien —hizo circulos con la palma de su mano sobre mi espalda.

Luego se separó de mi, acunando mi rostro entre sus manos suaves que se sentían frías contra mi piel, me sonrió y luego beso mi mejilla izquierda.

Yo le devolví una pequeña sonrisa de boca cerrada.

Por el rabillo del ojo vi que alguien se movía detrás de ella, una silueta alta. Aparté los ojos de mi hermana para ver al chico alto de pelo rubio cenizo acercándose a nosotras con una pequeña sonrisa en su rostro.

Mi ceño se frunció levemente, me parecía conocido.

Luego sentí un cosquilleo extraño en mi nuca.

Aria se apartó, dándole paso al extraño que extendió los brazos y me apretó fuertemente.

No le devolví el abrazo, estaba demasiado ocupada buscando entre los escombros de mi memoria. Quería saber quien era y porque tenia esta sensación extraña tan de repente.

—Te extrañé Hunt —dijo cerca de mi oido haciendo que los vellos de mi espalda se erizarán.

Hunt...

Se parto buscando mis ojos mientras que yo evitaba los suyos.

Tenía una sonrisa amable en el rostro que pronto despareció al darse cuenta de que lo miraba con el ceño fruncido.

—¿Hunt? —preguntó y no respondí—. ¿Sabes quién soy? —preguntó suavemente.

Yo negué lentamente con la cabeza.

—¿No me recuerdas?

—¿Debería hacerlo? —pregunté sarcástica.

¿Quién era él, y porque me daba un mal presentimiento?

El ambiente cambió, ahora era frío, extraño, tal vez muy tenso.

Él se acercó y coloco una de sus grandes manos sobre mi hombro, el contacto me dio escalofríos, yo le di un manotazo, molesta. Miré a Aria, quien se había colocado detrás de mi, en busca de respuestas pero ella parecía no querer meyerse en la discusión.

—Soy yo —dijo el chico—. Soy Chase.

Chase su nombre hizo eco en mi cabeza.

—No recuerdo a ningún Chase —Mentí. Mi ceño se frunció aún más. —No te conozco —espeté, cortante.

—Hunt —él intentó acercarse, una vez más, pero yo corrí y me escondí detrás del chico que me ayudó a llegar a casa que se había mantenido en silencio todo el rato, observando la escena.

Él me miro por sobre su hombro, sus ojos burlandose en silencio de mi y de esta situación.

—Aléjate —le pedí al otro chico que me miraba decepcionado—. Por favor —dije en voz baja aferrándome al chico frente a mi, como si fuera una pared que me protegería.

La mirada de Chase pasó del chico frente a mi y luego a mi detrás de él. Su ceño se frunció y su mandíbula se tensó, su expresión cambió completamente, estaba molesto.

—¿Quién es él? —preguntó.

Yo miré al chico frente a mi y con los ojos aún en el respondí:

—Es mi amigo —luego miré a Chase que alzó una ceja y soltó una risa amarga.

—¿Tú amigo? —preguntó con burla—, de seguro no sabes como se llama.

Yo parpadeé, pensándolo. Chase tenía razón, no sabía su nombre, pero me sentía segura a su lado, fue amable conmigo, me ayudó a volver a casa y, puede que sea un sociopata, pero no me importaba. Me sentía normal a su lado.

Lo miré una vez más, él me devolvió la mirada por sobre su hombro y yo pase mis ojos por su rostro, escaneándolo.

Luego a mi mente vinieron las imágenes, una tras otra; la Palma de su mano extendida hacia mi, él y yo corriendo lejos del hospital, él escuchándome mientras hablaba una y otra vez, su voz, ambos fumando en aquella calle a oscuras.

—Warren —su nombre salió de mi boca como un suspiro, luego mire Chase con una sonrisa de suficiencia en el rostro—. Su nombre es Warren.

Warren me miró con una ceja alzada y una pequeña sonrisa en su rostro, casi invisible. Aria me miró con sorpresa.

—¿Cómo...? —dijo ella pero sus palabras se perdieron en el viento. Tal vez se preguntaba como pude recordarlo.

Miré a Chase, quién decía ser mi novio, su ceño fruncido, sus labios apretados en una fina linea y sus manos en puños.

Tragué saliva. queriendo deshacer el nudo en mi garganta.

—¿Como es posible que recuerdes a un completo extraño y a mi no? —preguntó, su voz en tono neutro.

Yo puse los ojos en blanco.

—Vete —le repetí. Tal vez estaba siendo una perra con él, pero tenía un presentimiento, él no me agradaba.

Chase me dedico una mirada que no pude descifrar, luego cerró los ojos y respiro profundamente, dejó escapar el aire por la boca y abrio los ojos.

—Me iré —dijo por fin—, pero se que mañana no recordarás nada de esto y no actuarás de esta manera —finalmente, se dio la vuelta y volvió sobre sus paso hacia el coche, dio un portazo, incendio el motor y las luces y despareció calle abajo.

Yo solté el aire que no sabía que había estado reteniendo.

Aria se giro hacia mi después de un momento en silencio, extendió su mano y acarició mi mejilla, luego su mirada se elevo hacia Warren.

—Gracias —le dijo—. Gracias por traerla de vuelta —Warren asintió en forma de respuesta, los ojos de Aria volvieron a mi—. Sube a dormir, por favor —yo asentí.

Ella se giró, abrió la puerta y despareció tras esta.

Warren se giró completamente hacia mi dedicandome una mirada pensativa.

—¿Qué? —pregunté después de un momento.

—Recordaste mi nombre —dijo sin expresión alguna.

Yo asentí.

—Dijiste que no podías recordar —me dedicó una mirada acusatoria.

Yo me encogí de hombros.

—La verdad sólo estaba adivinando —bromeé, él negó lentamente con la cabeza mientras que una risa ronca brotaba de sus labios.

—Fue un placer conocerte, Hunter Barrow —dijo extendiendo su mano hacia mi.

Déjà Vu.

Tomé su mano sintiendo un cosquilleo.

—El placer fue mío, Warren.

Él asintió y se dio la vuelta, con las manos en los bolsillos de su pantalón, caminó hasta desparecer en la negrura de la noche.

Rocé los dedos de mi mano contra mi palma sintiendo el cosquilleo una última vez.

4

Capítulo cuatro

Entré a casa inmediatamente, frotando mis brazos para entrar en calor y respirando hondo.

Las luces estaban encendidas así que empecé a apagarlas. Mientras caminaba por la casa, a oscuras, me preguntaba quien era Chase en realidad.

Dije no conocerlo, no recordarlo, pero sienco sincera mi estomago dio un vuelco solo con escuchar su nombre o ver su rostro. Una sensación amarga se instaló en mi.

Tal vez olvidaba cosas pero algunas de esas cosas dejaban secuelas, casi como cicatrices en mi memoria, no sabía quién era él exactamente, pero había echo algo en el pasado que dejo cicatrices en mi mente. Grandes cicatrices.

Pequeños flashbacks asaltaron mi cabeza mientras caminaba hacia las escaleras.

Las imágenes se reproducían, lentas y bizarras; una fiesta, mucha gente, mucha luz, alcohol, drogas, chicas bailando. Me sentí mareada de repente, y luego, ahí estaba él.

Su rostro sonriente mientras bailaba y bebía.

Me apoyé de la barandilla cuando casi pierdo el equilibrio.

¿Qué había pasado?

Su voz resonaba como un susurro y se expandía hacia un eco en mi cabeza.

Chase sonriendo maliciosamente, totalmente diferente al chico que había visto hace un momento fuera de mi casa.

"¿Por qué te importa? —preguntó burlón, la reproducción de su voz resonando dentro de mi cabeza—. Mañana no lo recordaras de todas formas"

Las lágrimas de furia rodando por mis mejillas.

Sacudí mi cabeza, tal vez solo haya sido una pesadilla.

Subí lentamente las escaleras, con la cabeza dándome vueltas, hasta llegar a mi habitación. Todo estaba a oscuras.

Parpadeé un par de veces para estabilizarme y cerré la puerta detrás de mi. Caminé hasta el baño, buscando mis pastillas para la migraña.

Tomé dos, o tres, no estaba muy segura. Tomé agua del grifo del lavabo y me las bebí, esperando a que hagan efecto, caminé hasta la cama y me dejé caer de espaldas. Clavé la mirada en el techo.

Una nueva voz en mi cabeza susurró:

—Me agradas —yo parpadeé, confundida, tratando de recordar a quién pertenecía la voz. Ya la había escuchado antes.

—¿Te agrado? —pregunté mirando al techo—. ¿Por qué?

—Eres transparente —respondió la voz.

Yo parpadeé, una vez más, no muy segura de mis delirios.

—¿Como te llamas? —pregunté casi en un susurro.

Silencio. La voz desapareció por un largo momento.

—Warren —respondió la voz. Su voz.

—Warren —repetí en voz baja antes de quedarme dormida.

¥¥¥

Flotaba. Mis sueños siempre eran bizarros cuando tomaba esas pastillas, y ahora todo lo que veía a mi alrededor eran luces led que se movían en cámara lenta. Las voces se escuchaban lejanas y el estruendo de la música era ensordecedor.

Yo caminaba por un pasillo iluminado con luces led de color azul.

Estaba en una fiesta.

El pasillo era angosto y yo me sentía mareada, mi cabeza dada vueltas y mis pasos eran lentos. Rozaba la fría pared con los dedos de mi mano izquierda, como si tuviera miedo de perderme.

Di un paso en falso y sentí mi tobillo doblarse, caí al piso, sobre mis rodillas.

—Mierda —murmure. Esto parecía un episodio de euphoria ¿cuál de los personajes sería yo en este momento?

Me puse de pie, tambaleándome, me apoyé de una puerta a mi derecha, el ruido de la música ahora se escuchaba lejano, pero oí claramente los gemidos que venían del otro lado de la puerta.

¿Que?

Miré el pomo y lentamente acerqué mi mano pero me detuve cuando escuché que tocaban la puerta.

Un escalofrío me recorrió el cuerpo.

¿Me habían descubierto?

—¿Hunter? —preguntó una voz, yo me di la vuelta, pero estaba completamente sola en el pasillo.

Mi ceño se frunció.

—¿Hunter? —giré la cabeza en todas las direcciones sin encontrar de donde provenía la voz que se escuchaba cada vez más cerca.

—Hunter —llamó la voz de mi hermana.

Abrí los ojos para encontrarme con una Aria con el ceño levemente fruncido. La típica expresión de preocupación en su rostro.

Dejé escapar un largo suspiro.

Fue solo un sueño. Uno muy loco.

Cerré fuertemente los ojos por la luz, sintiendo mis sienes palpitar.

Al abrirlos Aria me miro, confundida.

—¿Estas bien? —preguntó, yo me limite a asentir—. ¿Tuviste una pesadilla? Estas toda sudada.

Ella se aparto y yo me apoyé en mis codos.

—Eso creo —dije—. ¿Que hora es? —pregunté mientras paseaba la mirada por la habitación.

—Las once de la mañana —respondió ella, yo volví a tumbarme en la cama colocando mi almohada sobre mi rostro, ahogando un grito.

—¿Estas bien? —volvió a preguntar mi hermana.

—Me duele la cabeza —me quejé, mi voz sonó amortiguada por la almohada sobre mi cara.

Escuché a Aria reir por lo bajo.

—Voy a salir, si necesitas algo, llámame —informó.

Yo alce el pulgar a modo de respuesta, luego escuché sus paso al salir de la habitación y unos segundos más tarde la puerta del vestíbulo cerrándose.

Me quité la almohada del rostro y miré fijamente al techo.

Déjà Vu.

Me quedé tumbada un rato, con la vista fija en la nada, navegando entre los escombros de mi subconsciente, buscando algo ¿pero qué?

Es como cuando sabes que falta algo, sabes que lo has perdido y quieres encontrarlo, pero no sabes como es, que es o como diablos luce.

No sé cuanto tiempo estuve mirando al techo pero cuando mis ojos empezaron a arder los cerré, dándome por vencida, no sabía que había perdido, pero sabia que estaba en mi mente.

Me puse de pie, suspirando, y caminé perezosamente hacia el baño.

Apoyé las manos en el lavabo y mire fijamente mi reflejo.

Hice una mueca.

—¿Que te han echo amiga? —pregunté paseando los ojos por mi rostro, mirando las marcas violáceas bajo mis ojos y el desorden que era mi cabello corto.

Fruncí el ceño.

—¿Corto? —me toqué el pelo que me llegaba hasta la mandíbula— ¿Por qué está corto? —pregunté—. Mierda.

Nota mental; preguntarle a Aria que había pasado con mi cabello.

Olvidándome de todo, si se que eso fue irónico, me quité la ropa y me metí a la ducha, el agua fría cayó sobre mi y cerré los ojos, disfrutando de la sensación.

Y una vez más, perdí la noción del tiempo, si, si, otro chiste malo.

El grifo seguía abierto y yo seguía disfrutando del agua hasta que escuche el timbre sonar.

Fruncí el ceño y luego lo escuché otra vez, me giré y cerré el grifo, agudizando mis oídos, el sonido del timbre volvió a retumbar en la casa.

Probablemente sea Aria —pensé—. Tal vez olvido sus llaves.

Salí del baño, tomando una toalla, la envolví alrededor de mi cuerpo y salí de mi habitación dejando un camino de gotas de agua detrás de mi.

Casi caigo por las escaleras.

El timbre volvió a sonar.

—¡Ya voy! —grité.

Corrí lo más rápido que pude tratando de no caerme. Mi pelo goteaba y mojaba mis mejillas.

Abrí la puerta justo cuando el timbre volvió a sonar.

Puse mi peor cara pero luego fruncí el ceño mientras miraba al chico frente a mi. Mis ojos lo escanearon de pies a cabeza.

Mi mirada siguió hasta el inició de su clavícula, su cuello grueso y su mandíbula marcada hasta llegar a su rostro; sus labios, su nariz recta y sus ojos castaños, fijos en mi.

Una brisa fría me golpeo y recorde que no llevaba nada puesto además de la toalla que cubría mi cuerpo.

Él me miro y una sonrisa ladina se dibujo en su cara.

—Hola —dijo.

—Hola —respondí, mirándolo de pies a cabeza.

Un gorro de lana negro cubría su cabello, él se lo quitó dejando ver su pelo castaño desordenado que caía en ondas hasta sus ojos.

No es una mala vista, pensé.

Él buscó algo entre los bolsillos de su pantalón y luego me entrego un celular.

Mi celular.

Yo miré el aparato, confundida.

—¿Donde estaba? —pregunté, él se encogió de hombros.

—Es tuyo ¿no es así? —yo asentí.

—Gracias —le dije finalmente.

El sonrió.

Por acto reflejo, le devolví la sonrisa. No supe por que, solo paso, las comisuras de mi boca se elevaron y ya estaba sonriéndole a un extraño.

Una pregunta llegó a mi mente. Yo fruncí el ceño.

—¿Nos conocemos? —le pregunté intrigada por lo familiar que se me hacia su rostro. Él se mantuvo un momento en silencio y luego asintió—. ¿Sabes de mi...?

—Si, lo sé —respondió, interrumpiéndome—. Me lo has contado antes. No me recuerdas ¿no es así? —fue su turno de preguntar, yo negué con la cabeza, apenada.

—No, pero tu rostro —hice una pausa, mirándolo—, se me hace familiar. ¿Puedo tocarte? —pregunté,sus ojos se abrieron de más. Me miró sus ojos se achinaron mientras contenía una sonrisa—. Tú rostro. ¿Puedo tocar tu rostro? —aclaré, el abrió la boca para hablar pero lo pensó y finalmente asintió.

Él subió unos pocos escalones para estar más cerca, yo alargué mi brazo derecho hasta él y rocé su mandíbula con mis dedos.

Se me erizó el vello de la nuca.

Él miró mi mano en su rostro pero no dijo nada. Yo me sentía perdida, tratando de recordarlo. Estaba en mi cabeza, como un cuadro sin rostro.

Como cuando sabes que tienes a alguien en mente pero no sabes como luce, o como cuando te sabes una canción pero no recuerdas la letra.

Me sentía perdida.

Sus dedos se envolvieron alrededor de mi muñeca y sus ojos se encontraron con los míos.

Yo ladeé la cabeza, mis labios se entreabrieron, dejando escapar el aliento que no sabía que había estado reteniendo.

El ruido de una puerta cerrándose fuertemente me hizo apartar la mirada de el enigma que tenía delante mío.

Miré detrás de él a un chico alto de pelo rubio castaño, el mismo chico que había visto en mi sueño, el de la fiesta.

¿Que hacía aquí? ¿Era real? ¿No lo soñé? ¿Cuál era su nombre?

De repente me sentí mareada, mi cabeza daba vueltas y el oxígeno no llegaba a mi cerebro. Mi corazón se aceleró.

No había sido un sueño. ¿Y si fue real? ¿Y si de verdad pasó?

Mis labios se secaron.

Había sido un recuerdo.

[...]

Ene 19 2022

Redes sociales:

Ig: _aicelyn Twitter: aixelyn

Gracias por leer

5

C apítulo cinco

Warren:

Hunter dejó escapar un suspiro silencioso. Su mano fría contra la piel de mi rostro seguía ahí pero su pulgar ya no se movía.

Busqué sus ojos y los encontré perdidos, mirando algo más allá de mí.

Fruncí levemente el ceño.

Mis dedos rodearon su muñeca, pero ella no se dio cuenta del movimiento de mi mano. Su mirada seguía fija detrás de mi, su expresión cambió; sus labios formaron una fina linea y su ceño se frunció. Parecía molesta, como si hubiese visto un fantasma.

Me giré, buscando la causa de su repentino cambio, y justo detrás de mi encontré al mismo chico rubio de ayer.

Estaba apoyado sobre su auto, con los tobillos cruzados y las manos dentro de los bolsillos de su chaqueta marrón.

Nos miraba fijamente con el rostro inexpresivo.

Sus pies se separaron y empezó a caminar hacia nosotros. Sentí el pulso de Hunter acelerarse debajo de mi toque. Sus dedos se movieron, entrelazándose con los míos. Me dio un suave apretón, sin fuerza, un acto reflejo.

El chico rubio llegó hasta nosotros, primero miró a Hunter, sus ojos la recorrieron de pies a cabeza, luego me miro a mi y alzó una ceja, por último, miró nuestras manos entrelazadas y soltó un bufido.

Volvió sus ojos hacia Hunter, yo hice lo mismo, la vi tragar saliva como si tuviera un nudo en la garganta.

—¿Podemos hablar? —preguntó Chase, ignorando completamente mi presencia.

Sus manos seguían dentro de los bolsillos de su chaqueta, parecía desinteresado, era una cabeza más alto que yo, y más musculoso, como si fuera deportista o algo así.

Hunter me dio otro suave apretón y yo dirigí mis ojos a ella que tenía los labios fruncidos con disgusto. Le devolví el apretón y ella me miró, su expresión se relajo un poco y dejo escapar el aire que tenía retenido.

Se volvió hacia Chase y negó lentamente con la cabeza.

—Ahora estoy ocupada —dijo firme.

Chase ladeo la cabeza.

—Ocupada —repitió él.

—Así es —respondió Hunter rápidamente. El chico asintió pero no parecía nada convencido.

—Ocupada —volvió a decir, su tono era de burla e ironía—. Ocupada con tu… —él hizo una pausa fijando sus ojos en mi, mirándome de pies a cabeza—, amigo —dijo finalmente con amargura.

La comisura izquierda de mi boca se elevó. Le dediqué a Chase una sonrisa ladina y extendí mi mano hacia él que la miro con una ceja alzada.

—Mucho gusto —dije sonriendo—. Yo soy... —hice una pausa y miré a Hunter— su amigo —hice un asentimiento de cabeza hacia ella.

Él apretó la mandíbula e ignoró mi saludo. Yo guardé mi mano en uno de los bolsillos de mi pantalón.

Por el rabillo del ojo vi como hunter sonreía con malicia.

—Y si nos disculpas —dijo ella tomando mi mano—, debemos irnos.

Chase frunció el ceño.

—¿Vas a salir así? —preguntó, Hunter lo ignoró y siguió caminando conmigo pisándole los talones. Chase nos miraba con una expresión que no pude descifrar, pero aún así fue gracioso.

Levanté mi mano libre, despidiéndome de él que apretó los puños a sus costados.

—¿A dónde vamos? —le pregunté a Hunter en voz baja.

—No lo sé —dijo ella sin mirarme, luego se detuvo y se giró hacia mí.

—¿Tienes alguna idea? —preguntó, yo parpadeé, pensándolo, finalmente asentí.

Le extendí mi mano, ella la miro con una sonrisa y la tomó. Apreté sus dedos y empecé a caminar con ella siguiéndome los pasos.

¥¥¥

—¡Ve más lento! —gritó Hunter detrás de mi mientras intentaba seguirme el paso—. Eres más alto que yo, tienes más ventaja.

Yo miré hacia abajo por las escaleras.

—No seas una mala perdedora —me burle, ella me miró molesta y empezó a subir las escaleras tratando de alcanzarme.

—¿Que edificio no tiene ascensor? —se quejó, yo reí por lo bajo.

—Vamos, ya casi llegamos.

—¿A dónde vamos? —preguntó respirando con dificultad, habíamos caminado mucho y luego habíamos hecho una estúpida carrera por las escaleras que ella empezó.

Llegué al pasillo del quinto piso y sostuve la puerta para ella que llego un momento después de mí, con el pelo revuelto y la respiración pesada.

Me miró molesta y yo le sonreí

—Hiciste trampa —dijo con burla. Yo paseé la mirada por su cuerpo, de pies a cabeza y alce una ceja.

—Tú atuendo no es específicamente para hacer deportes —dije y luego me giré. La escuché maldecir detrás de mí.

Empecé a caminar hasta llegar a la última puerta al fondo del pasillo, busqué entre los bolsillos de mi pantalón las llaves y abrí la puerta del departamento, sostuve la puerta dejando pasar a hunter primero luego la seguí y cerré la puerta detrás de mí.

Ella entró, escaneando el lugar con la mirada, yo me apoyé de la puerta, con mis manos entrelazadas detrás de mi mientras la observaba mirar todo a su alrededor.

Miraba el lugar con ojos curiosos, sus pies se movían por cuenta propia y sus dedos rozaban cada superficie que tuvieran cerca.

Ella escaneo el techo, las luces, los ladrillos de las paredes, los muebles. Le dio la vuelta a la sala de estar y finalmente sus ojos se detuvieron en mí.

—Vives aquí —dijo en voz baja, más como una afirmación que como una pregunta—. Es lindo —dijo.

Me encogí de hombros.

—¿Que puedo decir? Soy un buen diseñador—alardee falsamente, ella me sonrió—. Sígueme —le dije pasando por su lado, dirigiéndome a mi habitación.

—¿A donde? —preguntó a mi espalda y luego escuché sus pasos seguirme por el estrecho pasillo.

Me acerqué al armario y empecé a buscar entre mis cosas, ella se acercó lentamente a mí y se sentó en mi cama, podía sentir sus ojos curiosos clavados en mi nuca.

Saqué una camiseta gris que a veces usaba para dormir y se la lancé a la cara—: Ponte esto —dije sin mirarla mientras buscaba un pantalón que le sirviera.

Me moví por la habitación hasta mi cajón de ropa interior, busqué unos pantalones cortos de dormir y se los lancé, esta vez, ella los atrapo, y me dedico una mirada de suficiencia.

Luego se quedó mirándome y entendí lo que quería decir. Dejé escapar un suspiro y me di la vuelta mientras ella se cambiaba.

La escuché quitarse la toalla del cuerpo y luego deslizarse dentro de mis pantalones de pijama.

—Ya está —dijo, yo me giré hacia ella, la toalla estaba echa una bola a su lado y su cabello estaba revuelto, mi ropa le quedaba grande, pero no se veía mal.

—¿Y ahora qué? —preguntó.

Yo fruncí el ceño.

—¿Qué? —pregunté confundido.

—¿Qué haremos ahora? —preguntó ella, y sin esperar una respuesta de mi parte, saltó de mi cama.

Sus ojos recorrieron la habitación y se fijaron en la gran ventana cerrada detrás de mi. Dio pasos lentos y precisos, su atención fija en la ventana cerrada. Yo la seguí con la mirada.

Sus dedos rozaron las cortinas y las apartaron, luego su mano subió hasta el cerrojo. Al abrir la ventana, el viento frió golpeó su rostro haciendo mover su pelo mal cortado.

Se puso de puntillas, apoyó las palmas de las manos en el alfeizar de la ventana y se inclinó hacia afuera, solo un poco.

Hunter cerro los ojos y dejo que la brisa fría acariciara su rostro, una sonrisa tiró de las comisuras de su boca.

Yo caminé hacia ella y me coloqué a su lado, de espaldas a la ventana, con mis caderas apoyadas sobre la orilla de esta y las piernas cruzadas.

Busqué entre los bolsillos de mi pantalón un cigarrillo y mi encendedor. Encendí un extremo de este y me lleve la colilla a los labios, el olor a humo inundó el lugar y ella fijo sus ojos en mí.

—¿Por qué lo haces? —preguntó.

—¿Qué cosa? —respondí.

—Fumar.

Me encogí de hombros.

—Es un hábito que muchas personas tienen —dije tomando el cigarrillo entre mis dedos y dejando escapar el humo.

—Los hábitos son distracciones —dijo—. ¿Por qué quieres estar distraído? —preguntó curiosa.

—No quiero estar distraído, solo... —hice una pausa—me gusta fumar.

—Pero si sabe horrible —rebatió con una sonrisa en la cara.

Yo puse los ojos en blanco.

—Tú qué sabes.

—No mucho, solo que da cáncer de pulmón, te deja los dientes amarillos, y no, no te hace ver sexi.

Yo alcé una ceja.

—¿Me estás diciendo que soy sexy? —pregunté.

—No, dije que no te hace ver sexy —hizo énfasis en la palabra no.

Una sonrisa ladina aprecio en mi rostro.

—¿Te parece que soy sexy cuando no fumo? —pregunté en voz baja, casi un susurro, solo para nosotros.

—No estaba... —ella hizo una pausa—. Yo no dije eso.

Me mordí el labio inferior y clave mis ojos en los de ella.

—Entones ¿si soy sexy?

Ella puso los ojos en blanco y esta vez una enorme sonrisa se dibujó en mi cara.

Nos quedamos un largo rato en silencio, ella mirando hacia afuera, a la nada, mientras yo fumaba.

Los silencios con Hunter no eran incómodos, eran agradables. No había necesidad de hablar, yo disfrutaba de su compañía y ella... Bueno, no sabía que pasaba por su mente pero supuse que también le gustaban este tipo de silencios.

—Debería de haber más personas como tú en este mundo —dije rompiendo el silencio, dándole una calada al cigarrillo y mirando hacia la nada.

Ella giró su rostro en mi dirección.

—¿Más personas como yo? –preguntó, yo asentí—. ¿A qué te refieres?

Yo la miré.

—Me agradas, hunter —ella me miro confusa, sus ojos escanearon mi rostro, tal vez recordó esas palabras, ya se las había dicho antes, el día que la perdí después de salir del hospital. Volví la mirada hacia afuera, evitando sus ojos.

Ambos dijimos muchas cosas ese día y es posible que ella no recuerde ninguna de ellas.

—¿Te agrado? —preguntó— ¿por qué?

Yo sonreí levemente, esa misma había sido su respuesta.

Me llevé el cigarrillo a los labios una vez más y le di una larga calada, cerré los ojos y dejé escapar el humo.

—Porque eres transparente —dije abriendo los ojos. Ella de verdad lo era, una persona sin filtros que hacía lo que quería sin importarle las consecuencias. Lo supe cuando tomó mi mano con una sonrisa de complicidad en el rostro. Y lo demostró una vez más hoy, cuando salió de casa en toalla.

Un alma libre pensé.

Me giré hacia ella que me miraba fijamente, ahora estaba sentada en pose de indio, con las piernas cruzadas y los codos apoyados en sus rodillas.

—Transparente —repitió en voz baja y yo asentí.

—Contigo puedo ser yo mismo ¿sabes? —ella no dijo nada—, no debo fingir estar bien, contigo puedo estar mal —dejé escapar una risa ronca—. Creó que me conoces más que mis propios amigos, lo cual es irónico porque somos dos completos extraños.

—¿Ah sí? —fue lo único que dijo.

Yo solté una fuerte carcajada y asentí.

—Si —dije, llevándome el cigarrillo a los labios.

Ella dejo caer los pies hacia afuera, ahora estaba sentada en la barandilla mirando todo menos a mí, sus manos apoyadas a cada lado de ella.

Su mirada estaba perdida en algún punto en la distancia.

—¿Cuantas veces hemos tenido esta conversación? —preguntó.

—Dos veces —respondí.

Silencio. Por un largo rato, pensé que no diría nada. Parecía pensativa.

—Warren —dijo en un susurro, yo la miré, ella se giró lentamente hacia mí, dándole la espalda a la vista que teníamos, uno de sus pies todavía colgaba fuera mientras que el otro seguía dentro de mi habitación. Sus ojos encontraron los míos—. Pude recordarte —dijo en voz baja y una sonrisa se formó en su rostro—. Pude recordarte —repitió, emocionada—, pude recordarte.

Yo tiré la colilla del cigarrillo por la ventana.

Una fuerte brisa nos golpeó y ella se tambaleaba, aun así, parecía no importarle si caía cinco pisos, una enorme sonrisa estaba plenamente marcada en su rostro.

—Creí que había sido un sueño o una alucinación —explicó, sus mejillas estaban sonrojadas por el frío—, pero fue un recuerdo —luego soltó una carcajada —. Pude recordar —gritó con emoción. Su voz hizo eco en los callejones y unas cuantas palomas volaron.

La comisura izquierda de mi boca se elevó.

—¡PUDE RECORDAR! —repitió con más fuerza mientras se balanceaba en el alféizar de la ventana.

Yo me acerqué a ella y coloqué ambas manos a sus costados, en la barandilla. Lo último que quería era que callera por estar balanceándose de la felicidad.

Hunter dejó de gritar y giró su rostro hacia mi. Sus ojos castaños encontraron los míos. Ella parpadeó, de repente toda la emoción había abandonado su cuerpo. Sus labios se abrieron dejando escapar un suspiro entre nosotros.

Ella me miró fijamente a los ojos y me sonrió.

—Pude recordar —dijo en voz baja, yo asentí.

Hunter se acomodó en el alféizar, ahora ambas piernas colgaban dentro de mi habitación, sin llegar al piso.

Lentamente su mano fría se posó en mi rostro, su dedo pulgar hizo círculos en mi mejilla. Ella me escaneó con la mirada y sus labios se entreabrieron, llamando mi atención.

Hunter acunó mi rostro con ambas manos, su respiración se tornó pesada, mis manos dejaron la barandilla y se posaron en las curvas de su cintura.

El viento frío volvió a golpearnos, mechones de su cabello me hacían cosquillas en el rostro. Hunter se mordió el labio inferior con nerviosismo.

Yo sentí un hormigueo debajo de la piel.

Nuestros alientos se mezclaron.

[...] 1 Feb 2022

Redes sociales: Ig: _aicelyn Twitter: aixelyn

Gracias por leer

6

C apítulo seis

Hunter:

Tenía su rostro entre mis manos. Sus ojos marrones conectados con los míos.

Mi pulgar siguió haciendo pequeños círculos en su mejilla izquierda, mientras que ambos nos hablábamos en silencio, en un idioma que no conocíamos.

Mi mirada recorrió cada mínimo detalle de él; Sus ojos marrones, oscuros, podía sentirlos sobre mi. La curva casi invisible de su nariz, el arco de su labio superior, su boca ligeramente abierta.

Mis labios se entreabrieron por inercia.

Los lunares esparcidos por toda su cara; tres cerca de su ojo izquierdo formaban un triángulo pequeñito. Uno cerca de su boca llamaba mi atención, y los demás que descendían por su cuello.

Las manos de Warren estaban sobre mí, en mi cintura. El viento frío que venía desde fuera nos golpeaba. Se me puso la piel de gallina debajo de la ropa, su ropa, y no sé si fue por el frío o por su toque.

El cielo se estaba oscureciendo, las nubes grises desapareciendo, el frío, intensificándose.

Él trago saliva y yo hice lo mismo.

Sentía que el aire faltaba en mis pulmones.

—Hunter —dijo en voz baja, mis ojos viajaron a sus labios y otra vez a sus ojos.— Hunter —repitió con la mirada fija en mis labios.

—¿Si? —pregunté yo en un susurro entrecortado.

—Despiértate Hunter.

Yo fruncí el ceño.

—¿Qué dices?

—¡Hunter ya es tarde! —gritó Aria.

Yo abrí los ojos.

—¡¿Qué diablos?! —dije adormilada y confundida. Abrí lentamente los ojos y mi ceño se frunció aún más. Me apoyé sobre mis codos y miré a todos lados.

¿Que carajos?

¿A donde había ido el frío, la cama con edredón azul oscuro, las paredes de ladrillo rojo y el chico peli negro frente a mi?

Estaba en mi habitación.

¿Pero como...? ¿Fue solo un sueño...?

Me detuve al ver a Aria sentada sobre mi cama; Aun Llevaba puesta su pijama, su pelo estaba recogido en un moño desordenado, lo cual no era normal en ella, pero tenía su típica mirada acusatoria fija en mi.

Y como si fuera posible mi ceño se frunció aún más.

—¿Qué haces aquí? —pregunté y miré mi habitación otra vez.—
¿Qué hago yo aquí? —grité, molesta y confundida.

Su rostro cambió por completo de una expresión seria a una indignada y se puso de pie, con la mirada fija en mi.

—¿Acaso bebiste? —preguntó sarcástica, yo ladeé la cabeza ¿se
habrá vuelto loca?

—¿Que si bebí...?

—Sé que estas enferma —me interrumpió— sé que olvidas las
cosas, y sé que es muy probable que no lo recuerdes Hunter, pero
como puedes decirme "¿que haces aquí?" ¿acaso te has vuelto loca?

Me quede en silencio por un momento y ladeé la cabeza hacia el
otro lado.

—¿De que estas hablando? —pregunté— ¿Como que si me he
vuelto loca? Tu eres la que me mira mientras duermo y me hace un
escándalo cuando me despierto —salí de la cama y camine haciendo
ella—. Buenos días para ti también hermanita.

Aria apretó la mandíbula.

—¿Donde estuviste ayer? —preguntó/gritó—, ¿y a qué hora
volviste? Puede que ni lo recuerdes, pero si lo haces, me encantaría
saber. —Ella imitó mi tono burlón.

Yo parpadeé y la miré, confundida.

—¿Como dices? —pregunté.

Ella dejó escapar un bufido y se pasó una mano por la cara.

—Claro, lo que supuse.

—¿Que dijiste? —volví a preguntar ignorando sus murmullos.

Esta vez se pasó ambas manos por el pelo y respiro profundamente.

—Ayer, cuando volví, no estabas. Te esperé por horas. Te llamé mil veces. Me comí las uñas Hunter —gritó, mostrándome sus manos—, pero no tu no volvías —tragué saliva. Aria hizo una pausa— y esta mañana me levantó y te encuentro aquí, ACURRUCADA COMO UN BEBÉ MIENTRAS LE SONREÍAS A LA ALMOHADA.

¿Le sonreía a la almohada...?

Al darme cuenta de sus palabras me mire a mi misma; los calcetines, los pantalones de dormir y la camiseta.

Su camiseta.

Una sonrisa estupida se formó en mi rostro. Aria dejó de decir lo que estaba diciendo y me miró con el ceño fruncido.

—¡¿Por qué carajos te ríes?!

—¡Fue real! ¡No fue un sueño! —me lancé hacia ella y envolví mis brazos alrededor de su cuello. —Fue real hermana.

Ella se parto de mi, confundida. Aria puso los ojos en blanco.

—Creo que hacerme enojar es tu deporte favorito —dijo con ironía mientras que la sonrisa se extendía por mi rostro. Aria suspiró una última vez— y creo que estás jugando unas olimpiadas.

—Vamos no seas dramática.

Ella extendió los brazos por sobre su cabeza, estirándose.

—Solo, no lo vuelvas a hacer. Y siempre lleva tu celular contigo. —Se dio la vuelta y caminó hacia la puerta—. Y tira esa ropa de vagabundo que tienes puesta —grito sin mirarme.

Yo abrí la boca, indignada, pero no dije nada.

Di saltitos hasta llegar a mi cama, donde me deje caer de espaldas, aún sonriendo.

—Fue real —dije—. Pude recordarlo.

Y cerré los ojos, sintiendo su tacto sobre mi, otra vez. Su aliento mezclándose con en mío, nuestros ojos mirándose fijamente, los detalles de su rostro.

[...] Feb 15 2022

Redes sociales: Ig: _aicelyn Twitter: aixelyn

Gracias por leer

7

C apítulo siete

El recuerdo siguió en mi mente toda la semana. Ya no como un sueño, sino como un recuerdo vivido. En vez de estar grabado en mi mente lo sentía en mi piel.

Su tacto. El frío. Nuestras miradas. Nuestros alientos.

Todo se repetía, una y otra vez, cada que cerraba mis ojos veía los suyos, y una sonrisa tonta se dibujaba en mi rostro.

Use su ropa tres días seguidos hasta que Aria me dijo que ya debía lavarla.

Ahora la ropa estaba sobre mi cama, doblada y planchada, su olor aún estaba presente, débilmente pero ahí estaba.

Afuera el cielo estaba gris, y el viento frío hacia mover ferozmente las copas de los árboles. Aria no estaba en casa y yo, yo estaba supremamente aburrida viendo una película a la cual ya le había perdido el hilo.

Mis ojos estaban fijos en la pantalla de la laptop, pero mi mente estaba muy lejos de estar en esta habitación. Sentía mis párpados pensados mientras que la película de reproducía, las voces de los personajes se escuchaban lejanas.

Poco a poco mis ojos se fueron cerrando.

Por un momento, la habitación estuvo en completo silencio, casi como si el tiempo se hubiese detenido.

El frío se intensificó y mi piel se erizó.

Luego sentí un suave tacto sobre mi mejilla, un pulgar haciendo círculos sobre esta, una y otra vez. Una pequeña sonrisa se dibujó en mi rostro. Sentí algo más, esta vez, manos jugando con mi cabello.

—Me hace cosquillas —dije aún con los ojos cerrados, luego escuché una suave risa ronca.

—Lo sé —dijo—, por eso lo hago.

Abrí los ojos y ahí estaban esos orbes marrones mirando fijamente a los míos.

Warren me sonrió. Yo le fruncí el ceño.

—¿Eres real? —pregunté.

—Si, creo que lo he sido toda mi vida —dijo sarcástico— ¿Por qué lo preguntas?

—Solo quería asegurarme. —me incorporé en la cama.

—¿De que no fuera un fantasma? —preguntó burlón.

—No tienes pinta de fantasma. —ladeé la cabeza.

Él alzó ambas cejas.

—¿De que tengo pinta? —preguntó mirándose a si mismo.

Me senté sobre mis rodillas a la orilla de la cama y lo escruté de pies a cabeza, le hice señas con la mano para que diera una vuelta y él lo hizo. Yo reí por lo bajo.

—Tienes pinta de ser el típico personaje sarcástico pero divertido que todos aman. —dije finalmente.

—¿De verdad? —preguntó, yo asentí—. Creí que tenía pinta de FuckBoy. —Yo solté una carcajada—. ¿De que te ríes? —preguntó con fingida molestia—. Yo seria un muy buen FuckBoy.

—¿Ah si? —pregunté entre risas.

—Por supuesto que si —aseguró él—. Puedo usar una chaqueta de cuero y peinarme el pelo hacia atrás. No creo que sea tan difícil.

Yo negué con la cabeza.

—A ver, dime tú mejor frase para flirtear.

Warren se quedó en silencio por un momento, pensativo, luego se puso de pie y se arrodilló, extendió una mano hacia mi y yo la tomé.

Él besó el dorso de mi mano.

—Disculpe bella dama —habló como si estuviese actuando una obra de Shakespeare —, no poseo la completa claridad al expresarme pero aún así me gustaría suplicar su consentimiento de permitirle a este humilde servidor de poder saborear sus labios.

Él subió y bajó rápidamente las cejas y yo estallé en una carcajada.

Me doble de la risa y me lleve las manos al estómago.

—Eres todo un Romeo —dije entre risas y con la respiración pesada.

Warren sonrió de lado y alzó una ceja.

—Así me llaman —alardeo.

Volví a reír, esta vez, más fuerte. Podía sentir como los músculos de mi abdomen se comprimían con cada carcajada. Mis ojos estaban húmedos y las lágrimas corrían por mis mejillas.

Poco a poco mi risa fue desapareciendo hasta que solo quedaron pequeños jadeos, me limpié las lágrimas de las mejillas que quedaron humedecidas.

Miré a Warren que me veía con una expresión que no pude descifrar.

—¿Qué? —pregunté. Él me miraba, sus labios estaban ligeramente separados y su pecho subía y bajaba pesadamente.

—Tus mejillas están sonrojadas —dijo. Me lleve una mano a la cara para sentir el calor en mis mejillas, luego sentí una pequeña lágrima correr por mi mejilla izquierda, Warren se acercó a mi y limpio la lágrima solitaria con su pulgar.

Su tacto fue delicado, casi como si no quisiera lastimarme, luego sus ojos se detuvieron en mis labios y rápidamente se separó de mi.

Volvió a sentarse en la cama, a mi lado. Warren se dejó caer de espaldas con los brazos flexionados detrás de su cabeza y la mirada fija en el techo de la habitación.

Yo hice lo mismo.

Nos quedamos en silencio por un largo rato. El único sonido audible era el de las leves gotas de lluvia contra el vidrio de la ventana.

La habitación seguía estando fría.

—Warren —dije sin mirarlo, él hizo un ruidito indicándome que siguiera. —¿Por qué no me besas? —pregunté en voz baja. Mis manos entrelazadas sobre mi estomago, jugaba nerviosamente con mis pulgares mientras esperaba su respuesta.

Sentía los latidos frenéticos de mi corazón contra mi caja torácica.

Él giró su rostro hacia mi, podía sentir su mirada sobre mi perfil derecho.

—¿Quieres que te bese? —preguntó en voz baja, imitándome.

Yo tragué saliva.

¿Quería que me besará?

Giré mi rostro hacia él encontrándome con sus pupilas dilatadas fijas en mi.

—Si —dije en un susurro entrecortado.

Él trago saliva, parecía dudoso. Se puso de pie y se giró hacia mi, volvió a arrodillarse, sus manos en puños apretando las sábanas.

—Hunter... —había una advertencia en su voz.

—Quiero que lo hagas —lo interrumpí y caminé hasta la orilla de la cama, frente a él. Me senté, mis pies colgando al piso con él entré mis piernas.

—Pero...

—Sin peros —lo acerqué a mi y puse mis manos en sus hombros—. Quiero que me beses.

Él acercó su rostro al mío, su nariz rozando la mía, nuestras bocas a centímetros de distancia, yo cerré los ojos e inhalé profundamente su aroma; era una mezcla de humo y gel de baño.

Warren apoyó su frente en la mía.

—Abre los ojos —pidió. Su aliento mentolado golpeó mis labios. Yo abrí los ojos y él me miró fijamente, sus orbes marrones estaban oscurecidos, pero había algo más allá del anhelo, había miedo, cansancio, sus ojos se veían tristes.

Warren llevo una mano a la parte posterior de mi cuello, dejé escapar un jadeo al sentir sus dedos fríos contra la piel sensible. Él me miró, preocupado, yo envolví mis dedos alrededor de su muñeca pero la expresión de preocupación aún estaba en sus ojos.

—¿Qué pasa? —inquirí.

Él se humedeció los labios.

—Quiero besarte —admitió, su voz fue un susurro—, juro que quiero hacerlo, pero no quiero que...

—No quieres que lo olvide —Terminé por él. Warren negó—. No quieres hacerlo porque lo olvidaré —yo acaricie su rostro con mi pulgar y él cerró los ojos—. Quiero que me beses. —susurré—. Tienes mi permiso y eso es todo lo que necesitas.

Warren abrió los ojos justo cuando un rayo partió el cielo e ilumino toda la habitación. La lluvia se intensifico al igual que la oscuridad de sus ojos. Él envolvió sus dedos en la parte posterior de mi cuello y acercó su boca a la mía, nuestros labios se rozaron y yo sentí un hormigueo por todo el cuerpo.

Warren me beso y yo le devolví el beso. Mis ojos se cerraron por inercia y mis labios se entreabrieron, introduje mi lengua en su boca y al sentir la suya contra la mía dejé escapar un pequeño gemido contra sus labios.

Fue un beso suave, gentil y delicado. Con el sonido de la lluvia de fondo.

Mordí su labio inferior y Warren gruñó, yo sonreí. Él se separó de mi, jadeando, y apoyó su frente contra la mía, sus manos en mi cintura.

Nuestros alientos de mezclaban con cada respiración. Los vellos de mi nuca se erizaron, mi corazón se aceleró y mi vista se nubló.

Warren se separo de mi y apoyó su cabeza sobre mi regazo, aún con los ojos cerrados hundí mis dedos en su cabello.

Se sentía extraño, extrañamente familiar; la lluvia, el frío, el beso.

¿Lo recuerdas?

En ese momento un trueno resonó fuertemente, la ventana de mi habitación se abrió y un grito salió desde lo más profundo de mi garganta.

Y al abrir los ojos Warren ya no estaba.

Confundida, me incorporé lentamente en la cama y miré hacia todas partes. Estaba sola en mi habitación, afuera estaba oscuro y la lluvia se había intensificado, la ventana estaba abierta y la película había terminado

Fruncí el ceño. ¿Que acababa de pasar?

Me puse de pie, un escalofrío me recorrió el cuerpo al sentir la frialdad del piso, caminé hasta la ventana y la cerré.

Todo estaba en silencio. Me sentía desconcertada.

La puerta de mi habitación se abrió de repente y Aria entró con una expresión de angustia en el rostro

—Hunter —yo la miré—. ¿Qué...?

—Fue un trueno —dije antes de que siquiera terminara la pregunta—. Me asusté.

Su expresión se relajo.

Aria camino hacia mí y me abrazo, yo apoyé mi barbilla en su hombro.

—Aún les tienes miedo —dijo en voz baja. Nos quedamos así un largo rato, mientras que ella me pasaba las manos por el pelo.

Aria se quedó a dormir conmigo esa noche, pero yo no pude concebir el sueño.

Me quedé despierta toda la noche dándole vueltas a lo que había pasado. Se sintió tan real, tan vivido, no pudo haber sido un sueño.

Me lleve una mano a los labios, aún sentía un cosquilleo en ellos.

[...]

Feb 28 Redes sociales: Ig: _aicelyn Twitter: aixelyn

Gracias por leer

¿Que nombre le pondrían al Ship de Hunter & Warren? Los leo

Nota de la autora: Solo quiero aclarar una cosita; Los recuerdos de Hunter vienen en forma de sueños, los cuales son muy vividos. Esa es la extraña forma en la que ella recuerda. Hunter Cree que son solo sueños y escenarios imaginarios, algunos lo son, otros no, otros son recuerdos recientes, otros son muy antiguos. Pero eso lo iremos resolviendo con el Paso de la historia [sorry es que me gusta el misterio y el suspenso].

Pd: nada de lo que pasa en esta historiaros real, los problemas de memoria de Hunter, la forma en la que recuerda, todo es completamente ficticio y producto de mi imaginación.

Esto es todo.

8

C apítulo ocho

¿Fue un recuerdo o una alucinación?, la pregunta no dejaba mi mente.

Yo solo podía sentir mis labios cosquillear cada que repetía el momento en mi cabeza, se sentía tan real; su calor, mi calor, el sonido de la lluvia. Cada mínimo detalle.

No podía ser un sueño.

¿Que estaba pasando en mi cabeza? ¿Me estaba volviendo loca acaso? ¿Fue uno de esos escenarios que uno se imagina antes de ir a dormir?

Me lleve las manos a la cara, cansada de tantas preguntas sin respuestas.

Tres noches, pensé, llevo tres noches con la misma incógnita, con la misma duda y la misma incertidumbre carcomiéndome lentamente.

Mire fijamente al techo, con las preguntas flotando en mi cabeza. Escanee cada pequeño detalle, como la pequeña grieta cerca de la ventana, también lo descolorido que estaba el cielo raso pintado de negro que ahora parecía gris.

Deje escapar un suspiro cansado.

—Ya no se ni que es real y que no —dije y cerré los ojos, luego escuché un suave toque en la puerta de mi habitación—. Está prohibido el paso.

—¿Ah sí? —pregunto Aria—. ¿Por qué parece que una bomba nuclear explotó aquí?

Yo abrí un ojo y la miré medio mal.

—Te puedes ir si no te gusta —dije con fingida amabilidad. aria negó con la cabeza. Parecía toda una madre de esas que aparecen en la televisión; su pelo color chocolate estaba recogido en un moño elegante con mechones de cabello sueltos, su suéter color celeste y sus pantalones de pijama negros.

Aria caminó lentamente hacia mí, sus brazos cruzados sobre su pecho, y se sentó al pie de la cama, alisando una arruga en las sábanas.

—¿Por qué no has salido dé aquí en tres días? —fue directo al punto.

Yo volví a cerrar mi ojo y me encogí de hombros.

—No lo sé, supongo que tengo demasiado en que pensar.

La escuche reír por lo bajo.

—¿Como qué por ejemplo? —preguntó.

Yo me quedé en silencio, procesando su pregunta; ¿Por qué? ¿Por qué no sabía diferenciar la realidad de mi loca imaginación? ¿0 tal vez porque mi mente juega siempre en mi contra con escenarios imaginarios? Cuando la realidad era que anhelaba que esos escenarios fueran tan reales como se sentían.

—¿Es por una persona? —preguntó Aria al ver que me mantenía en silencio. Yo no dije nada sabiendo perfectamente el nombre que llegó a mi mente.

—Tal vez es por qué tengo demasiadas preguntas sin respuestas y eso me está volviendo loca —dije finalmente.

—¿Qué tipo de preguntas?

Abrí los ojos y me incorporé sobre mis codos para mirarla.

—¿Crees que es posible que pueda recordar? —le pregunté.

Ella parpadeo, pero no dijo nada, su expresión era totalmente neutra. Sus ojos se desviaron, ahora miraba fijamente a la nada, parecía pensativa. Luego de un momento en silencio Aria volvió a mirarme.

—No lo sé —dijo en voz baja—. Los doctores dicen que no es posible. —ella me miró fijamente a los ojos, yo los sentí escocer, y luego su expresión de lástima—. ¿Has recordado algo?

Yo negué apartando la mirada de ella.

—No sé si sean recuerdos —admití en voz baja aquello que tanto me asustaba; ¿y si no eran recuerdos? ¿Y si no era real? —Son muy vividos, se sienten tan reales, pero... —hice una pausa—, tal vez solo sean las pastillas haciéndome fantasear.

—¿Vividos?

Vividos.

—¿Puedes imaginar un beso? —pregunté de repente, ella asintió—. ¿Puedes sentirlo? Sentirlo de verdad, sentir un cosquilleo en todo el cuerpo, sentir tú corazón acelerarse y todo eso.

Ella me miró con el ceño ligeramente fruncido. Entendí que ella no me entendía. Yo suspire en silencio y fingí que no me dolía no saber si alguna vez podría recordar.

Nos mantuvimos en silencio, mientras que Aria miraba un punto fijo en la habitación y yo trataba de no llorar.

—Estos recuerdos... —su voz rompió el silencio. Yo la miré, ella tragó saliva y continuó—: Este beso, ¿quién te besó? —preguntó, mis cejas se alzaron y desvíe mis ojos. La escuche reír por lo bajo—. No te pediré que me lo cuentes si no quieres, pero si te imaginaste un beso, o recordaste un beso, tal vez recuerdes quien te lo dio. —Ella hizo una pausa—. Un beso es cosa de dos —dijo—, ¿por qué no le preguntas a esa otra persona? —propuso.

Mi respiración se detuvo por una milésima de segundo.

Aria tenía razón. Debía de preguntarle a Warren, saber su versión, si es que existía alguna.

¥¥¥

Afuera estaba oscuro. El cielo despejado, sin estrellas y sin luna.

Eran pasadas las doce de la media noche, Aria de seguro se había quedado dormida viendo alguna serie o película. Yo miraba fijamente a la ventana mientras que me debatía si salir por aquí o por la puerta.

Cerré los ojos y respire profundamente por la nariz, deje escapar el aire por la boca y me gire sobre mis talones caminando en dirección a la Piera, salí de mi habitación con los zapatos en la mano y bajé las escaleras de puntillas.

Mire hacia la sala, la televisión estaba apagada y aria no estaba a la vista.

Caminé hasta la puerta y tomé el pomo. Me quedé mirando mi mano en el pomo de la puerta con el ceño levemente fruncido ¿debería hacerlo o no?

Si salía había una alta probabilidad de perderme en medio de la fría noche, pero si me quedaba estaba segura de que no podría dormir. Sentí mi mano temblar.

Volví a tomar una respiración profunda.

—Es esto o vivir con la sensación de incertidumbre que ya se había sembrado en mi.

Estaba decidida pero también tenía miedo ¿y si no era real?, ¿y si él decía que no? quedaría como una completa estúpida, no quería.

Recordé las palabras de Aria: "Un beso es cosa de dos".

Quería saber. Necesitaba saber.

Me puse la capucha de la sudadera y giré el pomo de la puerta. Al salir una brisa fría me acaricio el rostro. Mis dedos ya se sentían fríos.

Caminé hasta llegar a la acera y miré hacia la izquierda y a la derecha.

—Memoria, por favor, no me falles. —Dije antes de emprender mi caminata.

¥¥¥

No sé por cuánto tiempo estuve caminando. Giré en varias esquinas erróneas, incluso llegué a un punto en el que no sabía ni en que pie estaba parada.

Pero luego vi un cartel que se me hizo familiar; era de una pizzería, no sé porque, solo seguí mi instinto y caminé hacia el edificio con el cartel pintoresco.

Una suave lluvia empezó a caer sobre mí, eran gotas ligeras.

Miré por el mostrador, a pesar de las altas horas de la noche, había varias personas en el lugar. El aroma a salsa de tomate y pepperoni llegó a mis fosas nasales, yo inspire el olor que también se me hizo familiar.

La lluvia se intensificó un poco y mis dedos ya estaban lo suficientemente fríos así que decidí entrar. Cuando abrí la puerta sonó una campanilla, yo escaneé todo el lugar con la mirada, pero no encontré a Warren, pasaba por las mesas, pero no encontraba el pelo revuelto y los ojos marrones que quería.

Una señora de unos cuarenta y tantos años se acercó a mí, era bajita, de mi tamaño, tenía el pelo castaño corto recogido en una cola de caballo alta y llevaba puesto un delantal.

Ella me sonrió? sus mejillas estaban sonrojadas.

—Hola.

Le devolví la sonrisa.

—Hola.

—¿En qué puedo ayudarte? —preguntó. Yo la miré sin saber que decir, las palabras tardaron en llegar a mi.

Abrí la boca para hablar, pero luego la cerré, ella frunció el ceño un poco.

—¿Estas perdida? —preguntó escaneándome, yo negué con la cabeza—. Debes estar muerta de frío —yo asentí. —Siéntate aquí, iré por algo caliente.

—No se moleste —dije, pero ella no me escuchó y se fue .

Me senté con las manos entre mis rodillas, tratando de calentarlas. Mi corazón latía con fuerza dentro de mi pecho, tenía frio y no sabía dónde estaba, pero por alguna razón el olor de la pizza y este lugar me resultaba totalmente familiar.

Escanee una vez más el lugar con la mirada y mi vista se detuvo en la gran ventana que había frete a mí, la vista daba directamente al otro lado de la calle, a un edificio de ladrillos rojos que conocí de inmediato.

Parpadee y me puse de pie, caminé lentamente hasta la ventana moteada con pequeñas gotas de lluvia.

Trague saliva, si había llegado a mi destino después de todo.

Sentí una mano tocar mi hombro y me giré para encontrarme con los ojos verdes de la señora, entre sus manos sostenía algo humeante. Chocolate.

Ella me lo ofreció.

—Aquí tienes, esto te hará entrar en calor.

Yo la tome, el contraste de temperatura se sintió bien contra mis dedos congelados.

Yo le sonreí.

—Gracias —dije tomando un sorbo de chocolate. Busqué entre los bolsillos de mi pantalón, pero no traía dinero.

Que inteligente Hunter.

Ella me detuvo—: La casa invita.

Ella se dio la vuelta, decidida a marcharse, pero yo la detuve.

—Disculpe —ella se giró hacia mí—, ¿sabe si en frente vive un chico alto, delgado, de pelo marrón ondulado...?

Ella se mostró confundida pero luego preguntó:

—¿Hablas de Warren? —yo asentí, sintiéndome aliviada—. Si, vive en frente, viene aquí de vez en cuando a ayudarme a preparar los pedidos y entregarlos ¿Lo buscas a él? —preguntó, yo asentí—. Supongo que debe de estar en casa.

—Muchas gracias por el café y por...

—No hay de que —dijo con una sonrisa—. Vuelve pronto.

Salí con la vista fija en el otro lado de la calle, hacia las puertas del edificio. Crucé la calle sin mirar a los lados y un taxista me tocó el claxon, yo le saqué el dedo medio y seguí mi camino hasta llegar al otro lado de la acera.

—Solo tienes una vida Hunter —me dije a mi misma ya estando en la otra acera.

Me sentía eufórica, sentía como mi corazón latía fuerte contra mi pecho, mis manos temblaban por ala adrenalina y por el frio a partes iguales.

Miré las puertas dobles en frente de mí y las abrí.Abrí las puertas sin llamar al timbre y miré el vestíbulo vacío, fruncí el ceño.

Caminé hasta el ascensor que decía «Fuera de servicio» y luego miré las escaleras y un pequeño flashback llego a mi mente.

—¿Te parece si hacemos una carrera? —pregunté sonriente, él me miro con una ceja alzada.

—Solo si no te importa perder.

Yo le fruncí el ceño.

—Yo nunca pierdo.

—Ya lo veremos —él hizo una pausa—. Te daré una ventaja de diez segundos, empezando ya.

Luego corrí.

Tragué saliva y caminé hacia las escaleras, mis pernas temblaban. No recordaba exactamente en qué piso estaba su departamento, pero subí las escaleras guiándome de mis vagos recuerdos.

Con cada paso que daba, cada escalón que subía, sabía que estaba más cerca de saber la verdad, de saber si todo era una dulce mentira o un verdadero sueño.

Sentí mis ojos humedecerse, me sostuve de la pared para estabilizarme. De repente me sentía mareada.

Llegué hasta el último piso y caminé hasta la puerta al final del pasillo. Mi respuesta estaba justo detrás de esa puerta.

Caminé el pasillo, mis pasos eran lentos, las palmas de mis manos sudaban.

Cuando llegué justo la puerta toqué, tres veces, bueno seis.

Nadie respondía así que volví a tocar y volví a tocar.

Nada.

Fruncí el ceño, molesta, y empecé a tocar la puerta rápidamente con ambas manos.

La puerta se abrió antes de que yo pudiera evitar que mi puño chocara contra la cara de Warren.

—¡Carajo! —masculló él, llevándose una mano a la cara.

Yo escondí ambas manos detrás de mi espalda.

—Lo siento —dije.

Él alzo la vista hacia mí y me miro con el ceño fruncido.

—¿Hunter...?

—Necesito respuestas —lo interrumpí, su ceño se frunció aún más, sabía que no entendía de que estaba hablando así que fui directo al grano—. ¿Me besaste?

[...]

Marzo 15 Redes sociales: Ig: _aicelyn Twitter: aixelyn

Gracias por leer

Nota: Muchas Gracias por las 10k lecturas.

9

Capítulo Nueve

Warren:

—Lo siento —la escuche decir. Al oír su voz levanté la mirada y ahí estaban esos ojos marrones mirándome con un "lo siento" escondido, pero había algo más allá de eso.

Yo fruncí el ceño.

¿Que hacía ella aquí? ¿a esta hora? ¿con este frío? ¿y como carajos llegó hasta aquí?

—¿Hunter...? —pregunté sintiendo el sabor metálico de la sangre colándose en mi boca.

—Necesito respuestas —me interrumpió, yo fruncí aún más el ceño ¿respuestas? Ella se mordió el labio inferior con nerviosismo—. ¿Me besaste? —preguntó, mis cejas se alzaron.

Yo trague saliva.

—Warren ¿me besaste? —volvió a preguntar—. Necesito saber si de verdad lo hiciste. Necesito saber si fue real —dijo con un deje de desesperación en la voz—. Necesito saber que no fue solo mi imaginación. Que no eres una alucinación.

—Pues el golpe en mi nariz se sintió más que real —ironicé, cuando la vi mirarme mal cambié el tema—. Hunter ¿como llegaste aquí? —pregunte ignorando sus preguntas, primero queria saber si estaba bien.

—Eso no importa —fue su respuesta—. Necesito que respondas.

—Si me respondes primero —rebatí.

Ella puso los ojos en blanco.

—Warren...

—Entra —dije, haciéndome a un lado, dejándola pasar, ella dudó por un momento—. No te voy a responder hasta que no entres —finalmente aceptó y dio un paso dentro del departamento.

Sus ojos escanearon la habitación, justo como había hecho la última vez. Por un omento su mirada se detuvo en la guitarra sobre el sofá, pero luego se giró hacia mi justo cuando yo cerraba la puerta.

Ambos nos miramos en silencio, ella jugaba nerviosamente con sus dedos, hacia nudos sobre la sudadera que traía puesta. Sonreí al ver mi sudadera.

Yo la miré desde mi lugar y ladee la cabeza.

Hunter alzó una ceja.

—¿Me vas a responder? —pregunto molesta.

Yo asentí lentamente y caminé hasta la cocina, ella me siguió con la mirada, abrí el refrigerador y saqué dos latas de soda, volví hasta donde ella estaba y le entregue una.

—Para tus nudillos —dije y seguí caminando hasta el sofá detrás de ella.

Me dejé caer en este y apoyé la cabeza en el respaldo, luego coloqué la lata de soda sobre mi nariz.

—Mierda —murmuré en voz baja. Cerré los ojos al sentir el frío.

Escuché los pasos de Hunter al acercarse y luego sentí como se hundía el asiento a mi lado, abrí un ojo y la miré, ella tenía ambos ojos cerrados.

Yo también cerré los míos.

—¿Que quieres saber? —pregunté.

Ella dejo escapar un suspiro.

—Ya sabes la pregunta —una sonrisa ladina se formó en mi rostro, esperaba ese tipo de respuesta de ella.

—Si —admití—, te besé —luego hice una pausa, pensando mis palabras—. No, mejor dicho, nos besamos —abrí los ojos y me giré hacia ella que miraba fijamente al techo.

Hunter abrió la boca, pero las palabras no salían, yo solté una leve carcajada, ella me miro mal.

—¿Cuándo? —preguntó en voz baja—. ¿Cómo? ¿Por qué?

—¿Como lo recordaste? —pregunté haciendo caso omiso a sus preguntas anteriores.

Ella se mantuvo en silencio por un momento, pensativa.

—Tuve un sueño —dijo titubeante—, o eso pensé.

—Un sueño —repetí—, y este sueño ¿como era? —ella respiró hondo y volvió a quedarse en silencio—. No debes responder si no quieres —dije quitándome la lata de soda y apoyando los codos sobre mis rodillas.

—Estaba en mi habitación —dijo Hunter después de un rato—, luego me quedé dormida —hizo una pausa—, cuando desperté, tu estabas ahí —me giré hacia ella que seguía mirando al techo—. Me hacías cosquillas en el cabello.

Una sonrisa tiró de las comisuras de mi boca cuando el recuerdo llego a mi mente.

—Hacia frío —dijo ella.

—Estaba lloviendo —terminé la oración. Justo como había hecho tantas veces en el pasado. Miré a Hunter, ella estaba perdida en sus pensamientos, tal vez recordando el beso, sin saber que ese beso fue el que lo empezó todo.

Nos quedamos un rato en silencio, yo cerré mis ojos, recordando lo que ella no podía, todos los besos y momentos que yo guardaba y de los que ella no tenía ni idea.

—Warren —llamó, yo hice un ruido indicándole que siguiera—. ¿Nos conocíamos?

Yo abrí los ojos y la miré, los de ella estaban cerrados pero aún seguía despierta. Miré sus nudillos rosados por haberme golpeado y tomé su mano.

Volví a cerrar los ojos.

—¿Tú que crees?

Silencio. Supuse que lo estaba pensando.

—Que si —fue su respuesta. Yo sonreí.

—Chica lista.

—¿Recuerdas el beso? —yo asentí—. ¿Que pasó después?

—Nos quedamos dormidos toda la noche.

Sentí la palma de su mano sobre mi mejilla y abrí los ojos para encontrarla mirándome fijamente con los ojos cristalizados.

—¿Que sucede?

—Yo no lo recuerdo —lloriqueo.

Yo me mordí el labio inferior para no reír.

—Es que no puedes. —dije lo obvio. Hunter me pego en el hombro.

Ella se mantuvo en silencio mirando a la nada por un largo rato, luego apoyó su cabeza en mi pecho mientras lágrimas silenciosas escapaban de estos.

—¿Me ayudas a recordar? —preguntó en un susurro.

Yo le di un beso en la sien y envolví mis brazos alrededor de ella.

—Todas las veces que sea necesario —murmuré.

[...]

Marzo 20 Redes sociales: Ig: _aicelyn Twitter: aixelyn

Gracias por leer

10

C apítulo Diez

Pasado. Warren:

Encendí un cigarrillo y me lo llevé a los labios, inhale profundamente y luego dejé escapar el humo por la nariz.

El sonido de la música no era ensordecedor ya que la fiesta estaba en su última fase, la de terminar. Había vasos rojos de plástico tirados por todos el lugar, aún había mucha gente, pero ya estaban muy ebrios como para saber caminar y volver a casa.

Mi espalda estaba apoyada sobre una pared y mis tobillos cruzados uno delante del otro. Había adoptado esta posición desde el inicio de la fiesta, en ningún momento me moví de este lugar.

No soy un chico al que le gusten mucho las fiestas, no son mi zona de confort, pero Sam había insistido tanto en que vinera con ella y con sus amigos que finalmente acepté.

Hace un largo rato la habia perdido de vista, pero supuse que aún seguía por aquí, bailando, en algún lugar.

Me separé de la pared y empecé a caminar, buscándola. Había personas durmiendo en el piso. Otras seguían despiertas, pero estaban muy mareadas como para poder mantenerse de pie sin ayuda.

Miré el reloj en mi muñeca, las tres y cuarenta de la madrugada. Puse los ojos en blanco.

Sam era fiestera, este era su ambiente. No sabía si estaba sobria aún, pero supuse que sería mejor buscarla antes de que cometiera alguna locura.

Entré en un pasillo solitario y oscuro. Solo habia dos puertas, podía ver las luces colarse por debajo de ambas puertas. Sam tenía que estar en alguna de estas.

Me acerqué a la primera y toqué dos veces. Al no escuchar una respuesta acerqué mi oído a la puerta, escuché el ruido de un encendedor así que me alejé. A Sam no le gustaban los cigarrillos, ni el humo, ni nada que tuviera que ver con eso.

Luego caminé hasta la otra puerta, al fondo del pasillo. Toqué dos veces, no hubo respuesta así que acerqué mi oído, pero no escuchaba nada. Todo estaba en completo silencio.

—¿Sam? —volví a golpear la puerta con mis nudillos—. ¿Sam estas ahí? —Pero nadie respondió.

Fruncí el ceño y me alejé de la puerta, quizás no habia nadie dentro así que me di la vuelta, con una mano dentro de los bolsillos de mi pantalón y empecé a caminar. Me detuve al escuchar una puerta abrirse.

Me giré lentamente para ver a una chica salir tambaleándose por la puerta a la que yo acababa de llamar.

Ella se sostenía de la puerta, como si no pudiese hacerlo por sí misma, llevaba puesto un vestido negro sin mangas y, no llevaba zapatos.

Intentó caminar, pero sus piernas fallaron y terminó cayendo de rodillas al piso. Yo caminé hasta ella y me arrodillé a su lado.

—¿Estas bien? —pregunté, pero no me respondió. Se mantenía con la cabeza agacha y su pelo cubría su rostro—. ¿Necesitas ayuda? —pregunté, pero no dijo nada.

Escuché que murmuraba algo, pero no pude entender que era.

—¿Que dices? —ella dejó caer su cabeza sobre mi hombro izquierdo.

—Quiero irme —dijo en un susurro cerca de mi oído. Su aliento cálido contra mi oreja hizo que el vello de mi nuca se erizará.

—Okey —dije—, pero primero tienes que ponerte de pie ¿si? —ella asintió automáticamente.— Muy bien, a la cuenta de tres. —pasé uno de sus brazos por mis hombros y la sostuve por la cintura. —Uno...

—Dos. Tres. —dijo ella en voz baja. Sonreí por eso. Yo la levante y ella se sostuvo de mis hombros.

—¿Has venido con alguien?¿Una amiga o un amigo? —pregunté, ella negó perezosamente con la cabeza. —¿Viniste sola?

—No lo recuerdo —fue su respuesta, yo me limite a asentir y nos guié a ambos hasta la salida.

Al llegar a la puerta principal la brisa fría nos golpeó a ambos. Ella se retorció y se apretó más contra mí.

—Debemos bajar los escalones —le dije, ella negó. —¿Por qué no?

—No quiero.

—¿Te quieres quedar aquí? —pregunte, ella volvió a negar—, entonces debemos bajar los escalones.

La escuché soltar un resoplido y luego bajo un pie, yo caminé junto a ella que se sostenía de mi hombro. Bajamos los cuatro escalones del porche y seguimos caminando lejos de la casa.

—¿Donde vives? —pregunté.

—En una casa —fue su respuesta.

—¿Eso fue sarcasmo? —pregunté con una ceja alzada, ella se encogió de hombros—. Que bien por ti, yo vivo en una caja —respondí sarcástico, ella soltó una carcajada. —¿No tienes teléfono o alguien a quien llamar?

—Te lo daré después de la primera cita —yo solté una risa ronca. Ella era graciosa, pero de verdad necesitaba saber cómo hacerla volver a casa.

—¿Podrías responderme? —inquirí, serio.

—Lo estoy haciendo.

—Responder con coherencia —aclaré.

—No sería gracioso.

Yo puse los ojos en blanco y ella volvió a reír.

—¿Como te llamas? —le pregunté con miedo de que volviera a responder con ironía. Ella se mantuvo en silencio, creí que no me había escuchado, o que se había quedado dormida, o que simplemente no quería responder.

—Hunter —dijo finalmente.

Yo fruncí el ceño.

—¿En serio?

—Sip.

—¿No es nombre de niño?

Ella se detuvo, y se separó un poco de mí, lo suficientemente lejos como para mirarme a los ojos y lo suficientemente cerca como para seguir apoyándose de mi hombro.

—No, no lo es —dijo, parecía molesta—. Es un nombre, como cualquier otro. No, mejor dicho, es mí nombre —hizo énfasis en la palabra mí.

Yo fruncí los labios tratando de no reír.

—Si es nombre de niño —dije.

Ella me miro, directamente a los ojos. Creo que era la primera vez en toda la noche que lo hacía. Al ver sus ojos, iluminados por una de las farolas de la acera pude ver el color rojo en ellos, estaban hinchados y cristalizados, en sus mejillas estaban dibujadas unas lágrimas que ya se habían secado.

Escanee todo su rostro, mechones de su cabello estaban sueltos y se adherían a su rostro, sus mejillas estaban sonrojadas, y sus labios rosados.

¿Por eso estaba encerrada? ¿Estaba llorando en la fiesta?

—Yo me llamo Warren Grayson. Pero tú puedes decirme Wareen —solté. Ella ladeo la cabeza.

—Gracias Warren —dijo.

Mi ceño se frunció— ¿Por qué?

—Por sacarme de ahí. —Luego se dio la vuelta y empezó a caminar lentamente lejos de mí.

Yo me apresuré a seguirla dejando unos cuantos pasos entre nosotros.

¥¥¥

Hunter se abrazaba a sí misma, podía verla temblar levemente desde mi lugar. No estaba seguro de si ella sabía que la estaba persiguiendo.

—No debes acompañarme —la escuche decir, luego se detuvo y se giró hacia mí.

Caminé hasta ella y me detuve a unos pasos.

—No es ningún problema —dije encogiéndome de hombros. Hunter me observo, por un momento sus ojos escanearon mi rostro. Luego trago saliva y asintió. La vi abrazarse a sí misma nuevamente.

—¿A dónde vas? —pregunté.

Hunter miro a la derecha, hacia el mar oscuro.

—No lo sé —dijo sin mirarme—. No sé a dónde voy la mayor parte del tiempo. Me siento... —ella hizo una pausa y respiro hondo—. Me siento perdida. Sin rumbo.

No dije nada, decidí guardar silencio mientras que pensaba en sus palabras. Sin rumbo. Perdida.

—A veces —empecé a decir sacando la caja de cigarrillos de mi pantalón, me lleve uno a los labios, luego busqué el encendedor—. A veces es bueno no tener un plan. No saber a dónde ir y deambular. Sin rumbo. Es parte de la vida. Tener momentos de incertidumbre.

Ella me sonrió.— No creo que entiendas a lo que me refiero —yo alce una ceja.

—Muy bien. Yo creo que tú tampoco entiendes lo que digo. —Pasé por su lado dejando escapar el humo por mi boca, la escuché toser—. ¿Quieres saber qué hace una persona cuando no tiene rumbo?

Hunter frunció el ceño. Habia un deje de curiosidad en su expresión. Yo le extendí mi mano, y, para mi sorpresa, ella la tomó. Una sonrisa se dibujó en mi rostro y en el de ella.

—Vamos —dije empezando a caminar.

—¿A dónde? —preguntó detrás de mí.

—A donde sea. —Dije sin saber a dónde carajos la iba a llevar. Tenía que improvisar.

¥¥¥

Caminamos por la ciudad, entre los suburbios, debajo de los puentes y por el subterráneo. Con el silencio como acompañante y la luna brillando sobre nosotros.

El cielo estaba despejado, sin estrellas, pero la luna brillaba fuertemente, iluminándolo todo con una tenue luz plateada.

A veces, Hunter dejaba de caminar, y miraba hacia arriba, a la luna. Lo hacía casi como un acto reflejo.

—¿Ya llegamos? —pregunto Hunter detrás de mí—. Me duelen los pies, no quiero caminar más. ¿Me cargas? —preguntó.

Me detuve en seco.

—Ya te cargué tres veces —le recordé.

—Si, pero ahora siento que me voy a desmayar —dramatizo.

—Ay ¿en serio? —pregunté sarcástico—. Ya haz dicho eso, tres veces —ella puso los ojos en blanco.

Escanee el lugar. Estábamos en el estacionamiento de lo que parecía ser un super mercado. Mis ojos se detuvieron en los carritos de hacer la compra y una sonrisa de oreja a oreja se dibujó en mi rostro. Miré a Hunter que me observaba con el ceño fruncido y una mueca de incertidumbre.

—Espera aquí —le dije.

—¡¿A dónde vas?! —me gritó.

—¡Cierra los ojos! ¡Ahora vuelo! —Caminé hasta los carritos, tenían candado.— ¡Mierda! —murmuré.

Busqué entre los bolsillos de mi pantalón hasta que encontré un clip de papel. —Espero que sea como en las películas. —Doblé el clip de papel y lo introduje en la cerradura del candado, pero o funcionaba.

Escuché los pasos de hunter acercándose a mí.

—Así no se hace —la escuche decir. Yo me gire hacía ella.

—¿Quieres hacerlo tú? —ofrecí.

Ella acepto sonriente y tomó el clip de papel que se habia caído. Lo contorsionó de forma extraña y lo introdujo en el candado que, esta vez, si cedió. Mis cejas se alzaron con asombro.

Hunter se giró hacia mí con una enorme sonrisa de suficiencia en la cara y el clip en sus manos.

—¿Como lo hiciste? —pregunté asombrado.

—Aprendí cuando mi hermana ocultaba las llaves y no me dejaba salir. —Mis cejas se alzaron aún más.

—Eres increíble —tomé el clip de sus manos, y me puse de pie, tomé uno de los carritos y lo saqué de entre los otros—. Aquí esta su carruaje, bella dama —le extendí mi mano, pero al mirarla su sonrisa había desaparecido—. ¿Que sucede? —pregunté al ver sus ojos cristalizados una vez más.

Ella negó con la cabeza y cerró fuertemente los ojos. Tomó mi mano y yo la ayude a subir al carrito de compras.

¥¥¥

Hunter tenía los ojos cerrados, podía ver como su pecho subía y bajaba con cada lenta respiración. Tenía mi chaqueta como sabana sobre ella.

Yo caminaba empujando el carrito con ella dentro, algunas personas nos miraban raro, pero era divertido.

Detuve el carrito y Hunter abrió un ojo. Me miro con el ceño fruncido.

—¿Por qué paramos? —preguntó.

Yo apoyé mis antebrazos en el manubrio del carrito y la mire.

—Hemos llegado —avisé.

Ella se acomodó de tal forma que quedó sentada en el carrito de compras y miró a su alrededor sin entender nada.

—¿A donde exactamente? —pregunto ceñuda.

—Esto. —me separé del carrito y di unos cuantos pasos atrás—. Este es el mejor lugar para ir, cuando no sabes a donde ir.

Hunter volvió a mirar el lugar. Estábamos debajo de las vías externas del tren. Un terreno vacío donde habia unos cuantos coches abandonados y polvorientos.

Ella alzo una ceja, parecía disgustada.

—¿Este es tu lugar feliz? —preguntó sarcástica.

—No exactamente. Aquí vengo a pensar, a meditar, a pasar un buen rato conmigo mismo. —Ella salió del carrito y caminó unos cuantos pasos, observando todo, luego sus ojos se detuvieron en mí.

—¿Que te parece? —pregunté.

—Supongo que no tienes muchos amigos —me sonrió.

—Estas en lo correcto. —Admití,

Miré el reloj en mi muñeca, eran las 4:25 de la madrugada dejé escapar un suspiro y caminé hacia Hunter.

—Me gusta. —dijo sin mirarme—. Es solitario, y silencioso.

—Esta no es la mejor parte de este lugar —le dije.

Ella frunció el ceño.

—¿Tiene parte buena? —pregunto burlona.

Yo puse los ojos en blanco.

—Si, claro que la tiene. Ven. —Pedí y ella me siguió.

Nos subimos a uno de los autos abandonados y que estaba justo debajo de las vías del metro. Nos acostamos de espaldas sobre el carro, uno al lado del otro.

—¿Que se supone que debo ver exactamente?—preguntó Hunter.

—Tienes que esperar.

—¿Esperar a qué? —luego escuché como las vías del tren se movían, anunciando que en pocos momentos el tren iba a pasar por esta parte.

—A eso —dije sonriendo. En ese momento el tren paso por sobre nosotros, por las vías, haciendo un estruendo, con cada vagón que pasaba una ráfaga de luz nos iluminaba.

Hunter gritó. Gritó de la emoción. La fuerza con la que el tren nos pasaba por encima hacia mover su cabello.

Yo giré mi rostro hacia ella y la vi, con los ojos cerrados, y una enrome sonrisa en el rostro. Una pequeña sonrisa ladina se formó en mi cara.

Luego el tren se fue.

Y ella se giró hacia mí.

—Esto es increíble. —una sonrisa de suficiencia tiró de las comisuras de mi boca.

—Te lo dije.

—Estas jodidamente loco.

—Aún no termina —dije, ella se volvió a mirar hacia arriba y luego hacía mí. Podía sentir sus ojos clavados en mi perfil izquierdo.

—¿Como dices? ¿Hay más? ¿Hay otro tren?

—No. —Me incorpore sobre mis codos—. No hay otro tren, pero tenemos una última parada —mire el reloj en mi muñeca. Marcaba las 4:41 de la madrugada— Vamos —salté del auto y ayudé a Hunter a bajar.

Corrí hacía el carrito y me subí. Hunter llegó hasta mí y me miró con el ceño fruncido.

—¿Que estás haciendo?

—Te toca a ti empujar —dije sonriente.

Ella me sonrió y empezó a empujar el carrito.

—Eres muy pesado.

—¿Me estás diciendo gordo? —pregunté burlón, ella soltó una carcajada mientras que negaba con la cabeza.

[...]

Abril 7 Redes sociales: Ig: _aicelyn Twitter: aixelyn

Gracias por leer

Nota de la autora: Muchas gracias a todos los lectores por el apoyo a este historia. No saben lo feliz que me hace.

Lamento haber hartado tanto en publicar el capítulo. Escribí unas cuatro versiones diferentes sobre lo que sería este cap pero ninguna me convencía, o me parecía lo suficiente. Pero este versión me encanta, y espero que a ustedes también.

Este capítulo está narrado desde el punto de vista de Warren en pasado, o sea, como conoció a Hunter. Probablemente el siguiente capítulo sea una continuación de este ya que Warren dice que "Hay una última parada"

Muchas gracias por las 14k lecturas. Y gracias por ser tan pacientes conmigo.

Capítulo Once

Pasado.Hunter:

No sabía a dónde iba, lo único que sabía era que estaba cansada pero mis pies aún se movían, mis párpados, los sentía pesados, pero aún así mis ojos no se cerraban.

Deje escapar un bostezo. De verdad estaba cansada, pero tenía que ir a algún lugar, no recuerdo muy bien a dónde.

Miré al chico en el carrito de compras que yo empujaba, sus ojos estaba cerrados. Él estaba acurrucado, abrazándose a sí mismo; su cara se veía tan calmada, su expresión era tan pacifica. Su pelo castaño se movía con la brisa de la madrugada.

Yo me detuve. Mis pies simplemente dejaron de moverse. Estaba parada en algún lugar que no conocía. Como era de esperarse.

Mi ceño se frunció levemente. Estaba perdida. Parpadeé un par de veces tratando de recordar que estaba haciendo antes de quedar en esta laguna.

Miré al extraño que dormía placenteramente en el carrito, me atreví a tocarle la rodilla, él se movió y murmuró algo en voz baja que no logre entender.

—Oye —susurré—. Hey, tú. ¿Como te llamas? —pregunté sin obtener respuesta. Fruncí el ceño y apreté los labios—. ¿Eres un vagabundo? —dije en voz baja. ¿Por que le susurraba, si él era quien estaba dormido en mi carrito? Una idea me llegó a la mente y empecé a agitar bruscamente el carrito de compras —¡DESPIERTA! —le grité. Él abrió los ojos, asustado, se llevó una mano al pecho mientras que respiraba pesadamente.

—¡Ya desperté! ¡Ya desperté! —dijo con ambas manos alzadas. —Ya estoy despierto. —Él entrecerró los ojos y ladeó la cabeza. Su mirada somnolienta estaba fija en mi. —¿Ya llegamos? —preguntó. Yo fruncí el ceño. ¿De que estaba hablando?

—¿A dónde? —pregunté desconcertada. Él me miró de la misma manera.

—¿No lo recuerdas? —preguntó, yo negué. Él soltó un suspiro y se pasó la mano por la cara y luego por el pelo castaño. —De veras tienes memoria de pez —murmuró más para si mismo.

—Escuché eso. —Él volvió su vista a mi y me dedicó una sonrisa ladina, con los ojos entrecerrados, parecía que estuviese ebrio. Un ebrio feliz. —¿A dónde vamos? Estoy cansada.Y tú pesas bastante.

Él hizo una mueca.

—Ya estoy cansado de que me digas gordo. —dijo dramático. Yo apreté los labios para no reír.

—No dije que estuvieras gordo. Dije que estas pesado.

—Muy bien —bajó de un salto del carrito—. Parece que me toca a mi empujar así que... —me extendió una mano—. Su turno, señorita —yo tomé su mano, sus dedos estaban fríos al igual que los míos. Él me ayudó a subir al carrito y luego empezó a empujar.

El viento frío de la madrugada nos golpeaba y hacia mover mi cabello. Yo dejé caer mi cabeza hacia atrás y fijé los ojos en la luna que brillaba en el cielo despejado.

—¿A dónde vamos? —le pregunté después de un momento, mis ojos seguían fijos en la luna. —¿Falta mucho?

—Ya lo verás —fue su respuesta. Cerré los ojos y esperé.

¥¥¥

Abrí los ojos al sentir que el carrito se detenía. Miré a todos lados, desconcertada.

—Hemos llegado —dijo el chico frente a mí. Yo lo miré con el ceño fruncido.

—¿A dónde? —Él ladeó la cabeza y me miró, parecía más confundido que yo.

—A nuestra última parada. —dijo como si obvio.

Yo miré hacia todos lados, estaba oscuro, pero podía sentir el olor a sal en el viento y la brisa era aún más fuerte en este lugar.

Él me extendió su mano y me ayudó a bajar. Mis pies hicieron contacto con la arena fría y un escalofrío me recorrió el cuerpo.

Luego lo mire a él, en su rostro había una pequeña sonrisa ladina.

—¿Esta es nuestra última parada? —pregunté.

Él asintió.

—Vamos —dijo tomando mi mano—. Esta no es la mejor parte.

Mis cejas se alzaron.

—¿Se pone mejor? —pregunté siguiéndolo.

Caminamos por un largo rato sobre la arena de la playa, qué por alguna extraña razón se veía mucho mejor de noche, hasta que llegamos a un punto apartado.

No había personas, solo éramos nosotros y el ruido de las olas del mar rompiendo en la orilla.

El chico se detuvo y yo me detuve a su lado, nuestras manos seguían entrelazadas.

—¿Que se supone que debo ver? —pregunte alzando la vista para mirarlo a los ojos. —Todo está oscuro.

Él se mantuvo en silencio por un momento, respiró hondo por la nariz y dejo escapar el aire por la boca.

—No se supone que debes ver nada —dijo sin mirarme—. Debes sentirlo.

Yo fruncí el ceño.

—¿Sentir qué?

Él se sentó sobre la arena en posición de indio, yo hice lo mismo.

—Cierra los ojos —pidió. Yo dudé, pero terminé cerrándolos. —¿Qué ves?

—Pues nada ¿cómo voy a ver con los ojos cerrados? —Lo escuche suspirar.

—¿Que escuchas? —preguntó. Yo hice una pausa y agudicé el oído,

—Las olas —respondí.

—¿Y que sientes?

—La brisa.

—Ahí lo tienes —lo escuche decir. —No necesitas ver algo exactamente, solo necesitas sentirte bien, sentirte en paz.

Yo abrí los ojos y vi su rostro pacificó con la vista perdida en algo más allá de mí. Giré mi rostro para ver lo mismo que él.

Sobre las olas oscuras del mar brillaba la luna dejando un camino brillante color plateado sobre el agua oscurecida.

—Se llama Mangata —dijo él, yo me giré para mirarlo con una ceja alzada, él vio la pregunta en mis ojos así que añadió—: Es el camino de luz que deja la luna al reflejarse en el agua.

—¿Eso era lo que querías que viera? —las palabras salieron de mi boca en forma de susurró. No sabía si estaba preguntando o afirmando, pero él negó lentamente con la cabeza dejándome desconcertada.

Luego se puso de pie y buscó algo en los bolsillos de su pantalón.

—No quería que vieras nada. Quería que lo sintieras. Que te sintieras bien.

—Pues lo lograste —dije mirado el camino de agua que reflejaba la luz de luna una vez más.

—La experiencia aún no termina —lo escuche decir. Me giré hacia él con una ceja alzada.

—¿Ah no? —él negó con la cabeza y me extendió algo pequeño.

—¿Que es esto? —vi el auricular en la palma de mi mano.

—Póntelo —pidió, yo me lo puse e inmediatamente la canción The Beach de The neighborhood empezó a sonar. Yo alce la vista hacia él que la cantaba en voz baja.

Me extendió su mano.

—¿Bailas? —preguntó, yo sonreí y acepté.

—Por supuesto.

Ambos empezamos a cantar la canción en voz baja mientras que nos movíamos de un lado a otro. No pude evitar pensar que nos movíamos como las olas, con movimientos suaves, una y otra vez.

Por alguna extraña razón la canción encajaba perfectamente con este momento. La playa oscura, el sonido de las olas, el frío, nosotros.

Cerré los ojos y empecé a dar vueltas, terminé cayendo de culo en la arena y estallé en carcajadas.

—Esto es muy divertido.

—Si lo es. —Él se tiro a mi lado.

Estábamos muy cerca de la orilla, tan cerca que solo tuve que estirar mi pierna izquierda para sentir el agua fría.

Sweater weather empezó a reproducirse mientras que ambos mirábamos al oscuro horizonte.

Él se apoyó sobre sus codos y estiró los pies, yo me lleve las rodillas al pecho y abracé mis piernas

—¿Como te llamas? —pregunté sin mirarlo. Por el rabillo del ojo divisé como su rostro se giraba hacia mí.

—Warren —respondió. Una pequeña sonrisa de boca cerrada se formó en mi rostro.

—Gracias Warren —dije dejando escapar un suspiro. —Gracias por traerme aquí. Y gracias por ayudarme a escapar de mi realidad.

—Fue un placer, Dori.

Yo me giré hacia él con el ceño fruncido.

—¿Como me has llamado?

—Dori. Es un pequeño pececito azul —yo arrugué la nariz.

—¿Y por qué un pez?

—Porque tienen poca memoria —él se rio y yo le arrojé arena—. ¡Oye no! —gritó y se puso de pie, yo tomé más arena y empecé a perseguirlo.

—¡Deja de reírte!

—¿Por qué? —preguntó—, si fue divertido.

Sentía como los granitos de arena se escurrían entre mis dedos.

Warren corrió hacia el agua y se lanzó, yo dudé un momento antes de entrar al agua. Estaba fría, muy fría? y salada.

un par de veces mientras que me giraba en todas direcciones buscando algo. Buscándolo a él.

—¡Warren! —grité en medio del agua— ¡Warren! —las olas eran bruscas y fuertes, me arrastraban una y otra vez, pero yo seguía sin encontrarlo.

—Aquí estoy —lo escuché decir, muy muy cerca de mí. Me giré para encontrarlo a pocos metros de distancia. Mechones de su cabello castaño se adherían a su rostro cubierto por gotas de agua salada.

Yo tragué saliva y nadé hasta él que se dio la vuelta.

—Envuelve tus brazos alrededor de mi cuello —pidió—. Nos llevaré a la orilla —yo hice lo que me pidió.

Cuando sentí la arena debajo de mis pies solté a Warren, caminaba tambaleándome, pero logré salir del agua. Estornude un par de veces.

Warren se dejó caer de espaldas sobre la arena y miro el reloj en su muñeca.

—¿Aún funciona? —pregunté, él asintió. —¿Qué hora es? —Él no respondió, a cambio, me dedicó una sonrisita de complicidad que no logré entender. Yo fruncí el ceño. —¿Qué? —pregunté, él palmeo el lugar a su lado, yo me senté.

—Falta poco —dijo.

—¿Poco para qué?

Él se giró hacia mí.

—Para el amanecer —Yo seguía sin entender que quería decirme, él puso los ojos en blanco. —¿Nunca has visto el amanecer desde la playa? —Yo negué lentamente con la cabeza y una sonrisa se dibujó en su cara. —Este es tu momento.

Yo abracé mis rodillas y miré al horizonte donde la luna había desaparecido y el sol estaba a punto de salir. El cielo se tiñó con tonos anaranjados, rosados y violetas. El sol emergió desde el horizonte con un color naranja, casi rojo, brillante tiñéndonos con su luz.

Yo cerré los ojos y sentí el calor del sol sobre mi piel. Respiré hondo y, por primera vez en mucho tiempo, me sentí bien. Por primera vez luego del accidente, me sentí feliz, en calma. Me sentí bien conmigo misma.

Abrí los ojos y mire a Warren, él tenía los ojos cerrados, el viento de la mañana hacia mover su cabello, yo me tomé el atrevimiento de acomodar un mechón de su cabello castaño detrás de su oreja. Al hacer esto el abrió los ojos, que con la luz del sol se veían aún más claros.

—He visto muchos atardeceres —empecé a decir, luego volví a mirar al sol—, pero en mi vida he visto algo como esto. Es hermoso.

Él rio por lo bajo.

—Si, lo es.

[...]

Abril 16Redes sociales: Ig: _aicelyn Twitter: aixelynGracias por leer

Nota: Si pudieran tomarle Screenshot a su parte favorita del capítulo y etiquetarme en sus historias de instagram

12

C apítulo Doce

—¿Me recuerdas? ¿Recuerdas mi rostro? ¿mi olor? ¿el sonido de mi voz? ¿Recuerdas la sensación de mis brazos rodeándote? ¿Recuerdas el cosquilleo debajo de tu piel al tocarla con mis labios? ¿Me recuerdas?

—Hazme recordar.

Warren:

—¿Como nos conocimos? —preguntó Hunter con curiosidad mientras paseaba la vista por las paredes y los estantes.

Yo tardé un momento en responder. Uno de los flashbacks de ella en la fiesta llego a mi mente, sus ojos rojos, sus mejillas húmedas..

—En una fiesta —fue mi respuesta, ella apartó la vista de los objetos sobre la repisa para mirarme con cautela.

—¿Que traías puesto? —preguntó volviendo su vista a otro lado.

—No lo recuerdo —mentí.

—¿Yo que traía puesto?

Un vestido negro y unos converse, pensé.

—No lo recuerdo —dije en cambio.

Ella se giró hacia mi con una ceja alzada.

—Estoy empezando a creer que te estoy contagiando —dijo sarcástica.

Una sonrisa tiró de las comisuras de mi boca.

Hunter volvió a girarse, observando cada mínima cosa con detalle, yo miré mis manos, entrelazadas sobre mi regazo. No sabría si decirle cómo fue que en realidad nos conocimos, no sabría si decirle la triste verdad detrás de ese momento de madrugada en la playa.

¿Que debería decirle? Te encontré con los ojos rojos e hinchados, el rímel corrido y el corazón roto gritando porque te sacará de ahí, y, cuando por fin lo hice, te lleve lejos y me agradeciste por eso.

Porque ambos estábamos rotos en ese momento pero yo aún no lo sabía. Porque nos aferramos el uno al otro para salir de esa soledad.

No, muy poético para mí.

¿Que tal? a ambos nos engañaron esa noche, tú lo viste y yo aún no lo sabía.

—Warren —la escuche llamar, levanté la vista hacia ella que me miraba con el ceño fruncido —¿Como fue? —hizo una mueca.

—¿Qué cosa? —pregunté desconcertado.

—Nuestro primer beso.

Mis cejas se alzaron y sentí como me cosquilleaba la piel al recordarlo.

—Dijiste que lo recordabas —dije evitando responder.

—Así es, lo dije, pero quiero que me digas como lo recuerdas tú. Cada mínimo detalle. —dijo muy decidida.

Yo fruncí el ceño. —¿Por qué?

Hunter me miró fijamente. Tenía esta extraña cosa que hacía que sus ojos fueran muy expresivos. Si estaba feliz, brillaban. Si estaba triste, era inevitable que no lo contagiará. Sus ojos hablaban por ella.

—Los recuerdos siempre están en constante cambio. No es posible que dos personas recuerden algo que paso de la misma forma —explicó.

El recuerdo llego a mi mente. Imágenes reproduciéndose una detrás de otra como flashes. Como una de esas películas antiguas a blanco y negro.

Ella estaba fuera de sí. Lágrimas rodaban por sus mejillas sonrojadas. Hacía frío y sus ojos se encontraron con los míos, estaban cristalizados y tenía las pupilas dilatadas. Hunter tenía una extraña sonrisa en su rostro, una sonrisa de felicidad que ocultaba una tristeza profunda.

Yo la miré totalmente confundido. Ella daba saltos y brincos por todos lados, bailaba como una loca, aunque no hubiese música. Su pelo estaba desordenado. parecía no saber que estaba haciendo. Donde estaba o como se llamaba. No era ella.

—Hunter —la llame, pero no respondió, al contrario, siguió bailando. Tal vez no se había percatado de mi presencia. —Hunter —volví a llamar, no hubo respuesta.

No estaba seguro si debía acercarme o no, pero de todas formas lo hice. Me acerqué a ella y toqué su hombro. Ella se giró hacia mi lentamente, me miró con extrañeza.

—¿Quién eres? —preguntó, sus palabras salían arrastradas

Yo alcé una ceja, ¿que había pasado con ella? ¿Como había llegado hasta aquí? A la azotea ¿por que estaba actuando como si estuviese fuera de si?

—Warren —dije, Hunter ladeo la cabeza. Luego me sonrió, una sonrisa de boca cerrada.

No rompió el contacto visual, pero sentí sus dedos fríos tomar los míos mientras que sus ojos escaneaban mis expresiones, yo aún seguía con el ceño levemente fruncido por su extraño comportamiento.

—¿Que haces? —le pregunté, ella pareció confundida y frunció el ceño —¿por qué estás aquí? ¿arriba? ¿sola? ¿como llegaste aquí?

—No lo sé —dijo—, no lo recuerdo —hizo una pausa mirando la azotea—, pero me gusta estar aquí —ella soltó mi mano y empezó a dar saltos nuevamente

—¿Por qué te gusta? —pregunté desde mi lugar, con las manos dentro de los bolsillos, observándola. Hunter no respondió a mi pregunta, al contrario, empezó a tararear una canción que no reconocí.

Ella volvió a acercarse a mi, con los ojos desorbitados y tambaleándose. Me extendió su mano y me miró a los ojos.

—¿Bailas? —preguntó. Yo la miré más confundió que antes.

—No hay música —dije lo obvio. Hunter suspiro y puso los ojos en blanco.

—No se necesita música —fue su respuesta. Volvió a mirar su mano extendida y alzó las cejas como preguntando ¿aceptas o no?. Yo suspire y tomé su mano. Ella soltó una risa fuerte y empezó a dar vueltas.

Ella tarareaba la misma canción una y otra vez sin llegar a cantarla hasta que terminó cayendo al piso. Yo me apresuré a ayudarla a ponerse de pie pero ella reía sin razón alguna.

—¿Estas bien pregunté? —ella asentía repetidamente. —¿Estas segura? No se si puedo confiar en tu juicio estando en este estado.

—Estoy bien. De verdad. —luego me miró, y tomó m rostro entre sus manos, escaneo lentamente mi rostro, pude ver sus ojos enrojecidos una vez más, cristalizados, ella me sonrió.

—Tienes el par de ojos marrones más bonitos que he visto —dijo y una lágrima se escapó de su ojo izquierdo. Luego, de la nada, de repente, sentí sus labios sobre los míos, suaves y delicados, no pude evitar responderle el beso, salado.

Yo me aparte de ella que se lamió los labios y la tomé por los hombros.

—¿Me vas a decir la verdad? —pregunté, Hunter hizo caso omiso a mi pregunta y desvío la mirada, yo tomé su mentón entre mis dedos y la oblige a mirarme. —Mírame cuando te hablo —exigí— ¿me vas a decir que tienes? —ella negó con la cabeza —¿Por que no?

—No quiero —dijo en voz baja.

—¿Que quieres entonces?

—Seguir bailando. Aunque no haya música, aunque se haga de noche, aunque esté sola. Aunque me caiga...

No entendí que le pasaba, no lo entendí en ese momento, pero solo fue cuestión de tiempo para ir juntando las piezas del rompecabezas que había sido su vida. El rompecabezas que era ella, su mente, sus sentimientos...

Fue cuestión de tiempo. Y ahora cada que recuerdo esa noche, ese beso...

—¿Warren? —salí de mi ensoñación cuando escuché a Hunter. Yo eleve la vista hacia ella que parecía confundida. —¿No lo recuerdas? —preguntó.

—¿Que cosa?

—El beso. ¿Como fue? —preguntó expectante. Yo me lamí los labios, sintiendo el mismo cosquilleo sobre ellos, el mismo cosquilleo que sentí cuando ella me beso.

—Salado. —Respondí.

[...]

Mayo 21 Redes sociales: Ig: _aicelyn Twitter: aixelynGracias por leer

Nota: Lamento haber tarado tanto con el capítulo, pero tenía un súper bloqueo, aún así, este no me convence del todo así que puede que más adelante añada o elimine escenas. El capítulo está un poco confuso, si, pero más adelante esas confusiones se irán aclarando.

PD: Gracias por ser tan pacientes conmigo, y muchas gracias por las 19k lecturas, prometo tratar de ser más constante.

13

C apítulo trece

Hunter:

Salado, repetí la palabra en mi mente. ¿A que se refería Warren con salado?

No dormí en toda la noche pesando en esa palabra, en el significado que está escondía detrás, en el sentimiento de tristeza al cual supuse que estaba conectada.

Daba vueltas en la cama tratando de descifrarlo.

Poco a poco la luz del amanecer se fue filtrando por mi ventana, las cortinas estaban corridas dejando pasar el halo de luz.

Salado.

Warren me trajo a casa anoche, bueno, lo que quedaba de noche y entré en silencio a la casa para no espantar a Aria que seguramente estaba dormida; él no me quiso decir nada acerca de la palabra con la que describió nuestro primer beso, solo dijo que fue algo significativo.

Aún así no puedo evitar pensar que faltan piezas en el rompecabezas.

Me pasé las manos por la cara y luego por el pelo, frustrada cansada y con frío. Me dejé caer de espaldas sobre el colchón, con la vista fija en el techo y dejé escapar un bostezo.

Miré la hora en el celular, 5:57 de la mañana.

No había dormido en toda la noche tratando de recordar. Ya me dolía la cabeza.

Un segundo después la pantalla de mi celular se ilumino con la notificación de un nuevo mensaje, fruncí el ceño y abrí el mensaje, era de Warren.

Warren: Supongo que no has dormido.

Una leve sonrisa se formó en mi rostro. Me mordí el labio inferior pensando en que responder.

Hunter: Estas en lo correcto. Envíe.

Warren: Yo tampoco.

Fruncí ligeramente el ceño.

Hunter: ¿Por qué? Envíe.

Warren: Si me dices porque no has dormido. Fue su respuesta, yo puse los ojos en blanco.

Hunter: Manipulador. Escribí.

Warren envió emojis riendo.

Warren: Si, a veces. ¿Me vas a decir o no? Puede que tenga una solución para tu insomnio,

Eso despertó mi curiosidad.

Hunter: ¿Qué tipo de solución?

Warren: Primero tengo que saber el problema. Fue su respuesta, yo volví a poner los ojos en blanco.

Hunter: No dormí pensando en lo que dijiste.

Warren: ¿Que dije?

Hunter: Salado. Envié, su respuesta fueron más emojis riendo. Yo fruncí el ceño, molesta. Hunter: Espero y tengas una solución. Envié.

Warren: La tengo. Respondió de inmediato.Warren: Hace un año exactamente hicimos un álbum.

¿Un álbum? ¿De que estaba hablando?

Hunter: ¿Que quieres decir con un álbum? pregunté desconcertada.

Warren: Un álbum —dijo— de fotos, recortes y esas cosas. La idea fue tuya y a mi me gustó, dijimos que íbamos a fotografiar todo lo que hiciéramos y lo guardaríamos en el álbum. Hay dos álbumes, uno tuyo y otro mío. Cada uno ponía los recuerdos que quisiera y escribía notas.

Un álbum de recuerdos —pensé—, que lista soy.

Hunter: ¿Donde están los álbumes? pregunté sin esperar a que Warren terminara de escribir.

Warren: Cuando regresé a casa estuve buscando el mío, pero no lo encuentro, supongo que te lo llevaste, no sé cuándo.

Me di una cachetada mental por eso.

Hunter: Los álbumes ¿como son?

Warren tardo en responder.

Warren: Lo sabrás cuando los veas. Fue lo que dijo y luego desapareció su "online"

Mis ojos se abrieron demasiado mirando a la pantalla, molesta.

—¿A DONDE VAS? —grité—. NO HEMOS TERMINADO. NO ME HAS DICHO COMO SON LOS DICHOSOS ALBUMES. DIGNO HIJO DE...

—¡Hunter! —escuché a Aria gritar con voz rasposa —¿Tienes idea de que hora es? ¿por qué estas gritando como loca?

—¡Estoy viendo una película de terror! —dije—. ¡Me emocioné, lo siento!

La escuché cerrar la puerta de su habitación y volví mi atención a mi celular, Warren no daba señales de vida.

—Maldito —murmuré entre dientes antes de apagar el celular y tirarlo sobre la cama.

Me tiré de espaldas una vez más, pensativa. Mis manos descansaban sobre mi estomago mientras que jugaba con mis dedos tratando de hacer memoria sobre como serían los álbumes o donde estarían. De seguro que, en alguna parte de mi habitación, o alguna parte de la casa, lo más seguro era que estaban aquí, lo que no era seguro era que yo recordará como eran dichos álbumes.

Miré al techo como si este me fuera a dar una respuesta, pero con el paso de los minutos mis parpados fueron cerrándose involuntariamente, el golpe de sueño gracias al insomnio me estaba pasando factura.

Aunque no quería dormir, quería ahondar en mi mente, buscar en alguna parte remota de mi memoria esos diarios, álbumes o lo que sean. Tenían respuestas, respuestas que yo necesitaba.

Quería saber a qué se refería Warren con salado, ¿era un dulce? ¿comida? ¿una cena? Tal vez fuimos a cenar, o a la playa.

Una luz se encendió en mi cabeza.

¿Tenía que ver con la playa?

[...]

Junio 27Redes sociales: Ig: _aicelyn Twitter: aixelynGracias por leer

Nota: Escribí esto a las seis de la mañana después de pasar toda la noche despierta.

Pd: Muchas gracias por su paciencia

¿Que creen que halla en los álbumes?

14

C apítulo catorce

Hunter:

Fallen star de the neighborhood se reproducía en mis auriculares mientras miraba fijamente al techo, estaba acostada de espaldas con las piernas extendidas sobre la cabecera de la cama, pensativa.

Solo tenía una cosa en mente: los dichosos álbumes; ¿donde estaban? ¿como serían? y la más importante de todas, su contenido.

Me mataba la curiosidad, quería saber, quería recordar.

Warren no me había respondido, era como si se hubiese desaparecido, estaba enojada por eso, enojada, frustrada, pensativa. Ese sentimiento de estar esperando algo sin saber qué me carcomía por dentro.

Esperaba encontrar los álbumes, pero aquí acostada en mi cama no los encontraría nunca, aunque ya lo había intentado. Busqué en todos los escondites posibles en mi casa; debajo de mi cama, en mi armario, en el ático, en cajas, en el sótano no porque me daba miedo.

Aun así, todos mis intentos habían fracasado, no había encontrado nada y aunque los encontrara, no sabía como eran.

Mi mente descartaba ideas de donde podrían estar, pero por otra parte me imaginaba su contenido, imaginaba cartas, fotografías, notas. Una pequeña sonrisa se formó en mi rostro.

Aria entró en mi habitación pero ignoré el sonido de disgusto que emitió y cerré los ojos.

—¿Hunter que hiciste? Que desastre. —Dijo al ver el desorden en mi habitación.

—Estaba buscando algo —fue lo que dije—, ahora lo limpio.

—¿Buscando qué? —la escuche preguntar y en ese momento una idea me llego a la mente; tal vez ella sabría dónde estaban, después de todo Aria era como una madre, y ellas siempre encuentran todo.

Abrí los ojos y miré a aria, la vi fruncir el ceño.

—¿Que estabas buscando? —volvió a preguntar.

—Unos álbumes —respondí, su expresión de confusión no abandonó su rostro—. Me preguntaba si tu sabrías donde están.

—¿Álbumes? —repitió—. Hay muchos álbumes en esta casa.

Yo puse los ojos en blanco. Mierda. Claro que ella no sabría dónde estaban, nunca le diría algo tan privado a Aria, tal vez ni siquiera sabía sobre Warren.

—¿Ya buscaste en la biblioteca de papá y mamá? —preguntó, yo fruncí el ceño.

Hace mucho tiempo que no entraba a ese lugar. El lugar favorito de mis padres, era donde pasaban la mayor parte del tiempo, sentados juntos leyendo. El estudio de mi padre donde había una gran estantería llena de libros.

Yo trague saliva y miré a aria, ella entendió lo que no dije con palabras.

Aria suspiro y miro el desorden en mi habitación, luego me miro a mí, abrió la boca, pero no dijo nada, las palabras se quedaron en su garganta y finalmente salió de la habitación.

La entendí, no dijo nada, pero la entendí. Era difícil para nosotras hablar de nuestros padres muertos, era difícil para mi entrar en ese estudio lleno de recuerdos borrados de mi memoria.

¥¥¥

Tome una respiración profunda mientras que me debatía mentalmente en si debería ir a aquel estudio, tal vez los álbumes estarían allí, escondidos en alguna parte.

En este caso, mi curiosidad era más fuerte que mi miedo, o era una mescla de ambas cosas, no estaba muy segura.

Sali de mi habitación, dudosa, las palmas de mis manos sudaban, mis piernas se sentían débiles con cada paso que daba. Baje las escaleras y justo frente a mí se encontraban la puerta cerrada de aquel estudio.

Me relamí los labios y me acerqué a dicha puerta. Llevé mi mano al pomo y sentí un escalofrió recorrerme el cuerpo cuando hizo clic

Respiré hondo y abrí la puerta, detrás de esta todo estaba oscuro, las ventanas estaban cerradas, las cortinas corridas y había un peculiar olor a libros viejos. Entre sintiendo frío y calor al mismo tiempo, una mezcla de emociones dentro de mí me revolvió el estómago.

Estaba asustada, eufórica, nerviosa, no lo sabía.

Miré la habitación oscurecida y pasé mi dedo índice sobre uno de los muebles para sentir la fina capa de polvo sobre estos.

Mire a la izquierda y ahí estaba, la enorme pared llena de libros, me acerqué mientras que paseaba la mirada por todos los títulos.

Era más pequeña de lo que recordaba, o simplemente yo había crecido y ya no parecía tan imponente.

Uno de los libros en la estantería llamó mi atención, era diferente, los demás libros eran grandes, con tonalidades opacas, de seguro por el tiempo que han estado aquí guardados, pero aquel libro era pequeño y colorido. No pude evitar tomarlo.

La portada no tenía título, solo colores vibrantes, lo abrí y vi los dibujos que yo hacía cuando era pequeña. Este libro era mío y aún estaba intacto.

Dejé el libro sobre el sillón de mi madre y miré la estantería buscando algo parecido a un álbum.

—Si yo fuera un álbum ¿donde me escondería? —dije en voz alta, pensativa.

Descarte la estantería y observe la habitación, los cajones fueron el primer escondite en el que pensé, busque en ellos, pero no encontré nada parecido a un diario, luego debajo de los sillones, pero ahí solo había polvo, detrás de las cortinas tampoco estarían.

¥¥¥

Despúes de casi 30 minutos o menos de estar buscando sin encontrar nada me rendi, si me rindo muy fácilmente, suspire, frustrada y me tire en el sillón de mi madre, coloque los pies donde deberían de ir los brazos y sonreí porque si ella hubiese estado aquí me regañaría.

Busque mi celular en los bolsillos de mi pantalón y entré al chat de Warren, no había respuesta alguna.

Suspire, molesta.

—Idiota —murmuré y luego mi celular cayó sobre mi cara y después al piso. —Mierda.

Me arrodillé para buscar el celular debajo del sillón y terminé encontrando algo más. Había un bulto debajo del sillón. Tal vez eran los álbumes. Una enorme sonrisa se formó en mi rostro.

Busqué la forma de sacar lo que sea que estuviese ahí dentro pero no pude así que quité el cojín y palpe la tela que siempre traen los sillones y sentí algo ahí dentro.

—Tijeras —dije—, ¿donde vi unas tijeras? —busqué en los cajones y tomé la primera cosa puntiaguda que vi, en este caso un abre cartas. Corté la tela del sillón de un extremo a otro dos veces y metí mis manos para encontrarme con un libro completamente negro.

Mi corazón se saltó un latido, las palmas de mis manos estaban húmedas. Deje el libro en el piso y me seque las manos contra el pantalón. Tome aire por la nariz y lo deje escapar por la boca tratando de regular los latidos repentinamente apresurados de mi corazón.

Al abrirlo lo primero qué vi fue mi nombre escrito en cursiva. Hunter

—Te encontré —dije casi en un susurro.

La siguiente página era un dibujo abstracto, dos manos entrelazadas y en la parte superior de la hoja había una pequeña hoja con tonalidades naranjas como las del otoño.

En la página siguiente había una foto, éramos Warren y yo, debajo de está había una nota escrita por mí que decía lo siguiente:

"Él es callado, silencioso y risueño, casi como una sombra, tranquilo y pacífico, a veces frío, como las hojas de otoño cuando caen. Es mi opuesto complementario, nunca imagine poder encontrar un amigo así, un amigo en él, y más que un amigo casi un alma gemela..."

Una pequeña lagrima rodó por mi mejilla mientras lo leía.

[...]

Julio 1Redes sociales: Ig: _aicelyn Twitter: aixelynGracias por leer

Notita: Escribí este capítulo escuchando I love you de Billie Eilish & También Fallen Star de The Neighborhood

15

C apítulo quince

Pasado. Warren:

Me sentía como su puta niñera cada vez que se emborrachaba, lo cual era mas a menudo de lo que yo esperaba. No podía entender cuál era su razón, su necesidad. ¿Por qué alguien preferiría estar ebrio, sentirse mareado y sentir vértigo al ponerse de pie?

Así estaba Hunter en este instante, totalmente ebria, dando vueltas alrededor de los columpios. Yo la observaba de cerca.

Su pelo se adhería a su rostro debido al sudor, era de noche y hacía frío pero aún así si rostro estaba humedecido. Llevaba unos pantalones cortos y una camiseta blanca. Mire sus pies y fruncí el ceño al verla descalza.

—Hunter —la llame, ella busco de donde provenía el sonido de mi voz y giro el rostro hacia mi, desconcertada preguntó:

—¿Si?

—¿Donde están tus zapatos?

Ella frunció levemente el ceño y se miró los pies, parecía no saber que había estado descalza todo el rato, luego su mirada subió a mis ojos y con una sonrisita tonta se encogió de hombro y dijo:

—No lo sé —luego se sentó en el columpio y apoyó su cabeza de la cadena que lo sostenía—. Es raro ¿no lo crees? —preguntó.

—¿Que cosa? —indagué.

—Los zapatos. Usarlos, es raro. ¿Por qué la gente los usa?

Una sonrisa ladina tiro de la comisura izquierda de mi boca. Mis manos estaban en los bolsillos de mi pantalón; yo caminé hasta el columpio que estaba a su lado y me senté.

—Bueno —empecé—, los zapatos sirven para que no tengas fríos los dedos de los pies.

—¿Y para qué más?

—Para que no te ensucies los pies —dije dudoso. Esta era la conversación más trivial que había tenido con ella.

Hunter bufó.

—Ni siquiera saber que decir.

Yo asentí.

—La verdad es que no. —asegure—. No sé qué hacemos aquí a esta hora de la noche.

Ella giro su ostro hacia mi, indignada.

—Estamos en los columpios —dijo como una niña pequeña—, me gustan los columpios.

—Esta ebria —aclaré.

—No importa —sonrió, yo la miré con el ceño fruncido—. ¿Me empujas? —preguntó.

—¿Por qué?

—Porque me quiero columpiar y yo sola no puedo.

—No —yo negué con la cabeza mientras me ponía de pie. Camine y me puse detrás de ella, tome las cadenas y empecé a columpiarla suavemente—. Porque siempre estas ebria —aclare

Ella no respondió, por un momento solo se limitó a mover la cabeza de un lado a otro; como si estuviera aquí y a la vez no. En ese momento de silencio que se sintió como un siglo las preguntas invadieron mi cabeza, ¿por qué se embriagaba así?, ¿por qué yo siempre tenía que cuidarla? digo, no es que no me guste cuidarla, pero solo quería encontrar la respuesta a aquel "¿por qué?"

Hunter era muy espontanea, anormal en el buen sentido. Ella simplemente no es común, ve lo mejor de las pequeñas cosas, a veces deja salir a su niña interior o a su cantante o a su bailarina interior.

No le gusta estar sobria —pensé— tal vez sea eso.

Luego su voz interrumpió mis pensamientos.

—¿Sabes esa sensación que tienes cuando el alcohol entra en tu sistema? Estas feliz sin ninguna razón, das vueltas y vueltas, pero en realidad estas parado sin moverte y la que da vueltas es tu mente, te sientes como si no pertenecieras a esta realidad, como si fueras otra tú —explicó, luego guardo silencio otra vez, yo dejé de columpiarla para escucharla atentamente.

Hunter se aclaró la garganta.

—Cuando —dijo, luego pensó sus palabras y volvió a hablar—, cuando estoy ebria siento que tengo más confianza en mí, sé que no es bueno, sé que es un peligro para mí y para los demás, pero —hizo una pausa—, pero no lo sé, cuando ingiero alcohol me siento más confiada.

Yo no dije nada.

—Tal vez sea un problema. —dijo casi en un susurro.

—No es un problema —dije y me senté en el columpio de al lado, miré mis zapatos y luego miré el cielo nocturno, pensando mis palabras, suspire —es solo tu forma de evadir la realidad —dije y me columpie levemente con ayuda de mis pies.

—¿Crees que sea una adicta? —No supe que decir. Hunter bufo. —Tu silencio es una respuesta.

—¡Pero si no dije nada! —me quejé.

—Exacto —dijo ella.

—Las adicciones se curan —dije.

—¿Con otra adicción? —respondió sarcástica, ya el alcohol estaba abandonando su sistema, volvía a ser Hunter en su personalidad introvertida.

—Puedes volverte adicta al chocolate —dije, ella sonrió.

—No es mala idea.

—O puedes volverte adicta a algo más.

—¿Me puedo volver adicta a una persona? —preguntó.

Yo la mire, ella tenía la vista fija en sus pies descalzos. Tragué saliva.

—No lo sé.

—Yo creo que sí, pero todo en exceso es malo —hizo una pausa—, menos ver atardeceres.

Yo sonreí por eso.

16

C apítulo dieciséis

Hunter:

Había ojeado el álbum más de veinte veces. Estaba eufórica, me picaban las palmas de las manos por la curiosidad, pero todo parecía estar cubierto por acertijos, palaras claves y esas cosas.

En algunas páginas había unas pequeñas notas, letras de canciones o poemas dedicados, algunos de ellos escritos por mí, otros escritos por Warren; había fotos de lugares de los cuáles tenía vagos recuerdos e incluso, algunas páginas tenían un olor peculiar.

Todo me parecía familiar y a la vez confuso.

Cada página guardaba un secreto, un lugar, un momento, una emoción; emociones que habían abandonado por completo mi memoria y qué yo moría por experimentar una vez más. Sentía un cosquilleo bajo la piel y no podía dejar de mirar el diario. Tenía una curiosidad creciendo cada vez más dentro de mí.

Tomé el álbum y lo repasé con la mirada, pasé rápidamente las páginas y me detuve en una al azar; en está había algo escrito seguido de tres pequeñas fotos de esas que la gente se toma en una cabina de fotos; estaban a blanco y negro, éramos Warren y yo. El escrito decía lo siguiente:

"Me sorprende lo mucho que puede hacerte sentir una persona. Lo mucho que puedes llegar a querer a alguien en tan poco tiempo; él es para mí como un salvavidas, cuando la marea se volvía tempestuosa, cuando las olas me arrastraban cada vez más lejos de la orilla. Mi salvavidas. Mi refugio."

Lo había escrito yo. Con manos temblorosas pase a la siguiente página al azar, esta vez no había fotos, solo palabras;

"Hace unos días encontré la guitarra de Warren debajo de su cama mientras buscaba mis zapatos, no sé cómo, pero lo recuerdo claramente. Le pedí que tocará y, al principio se negó rotundamente, luego de unos minutos insistiendo por fin aceptó."

—¿Que quieres que toque? —me preguntó.

—Lo que sea —respondí, solo quería escucharlo tocar.

Empezó a mover los dedos sobre las cuerdas de la guitarra, se movían lento al principio. Mi atención se desvió de las cuerdas de la guitarra a sus dedos y luego a las venas que empezaban a notarse en sus brazos al ejercer fuerza sobre las cuerdas de la guitarra.

Sentí que el aire se volvía más pesado y humedecí mis labios, sus ojos captaron el movimiento y se quedaron un largo momento sobre mis labios, luego pasaron repaso mi rostro y él empezó a cantar reflections de the neighbourhood.

Sus ojos se encontraron con los míos, me sostuvo la mirada un momento antes de cerrar los ojos y dejarse llevar por la melodía de la canción; era como si la sintiese en carne viva.

"Estábamos demasiado cerca de las estrellas —decía la letra—. Nunca conocí a alguien como tú, alguien. Cayendo con la misma fuerza. Prefiero perder a alguien que usar a alguien. Tal vez sea una bendición disfrazada. Me veo a mí mismo en ti.

Warren abrió los ojos, sus dedos aún moviéndose sobre las cuerdas.

—Veo mi reflejo en tus ojos.

Yo tragué con fuerza, su mirada profunda me puso nerviosa y no pude evitar cerrar los ojos, pero luego él dejo de tocar.

Abrí los ojos, confundida.

—¿Por qué te detienes? —pregunté casi en un susurro.

—¿Quieres que siga? —preguntó un tono más bajo que yo. Las palabras no salían de mi boca así qué me limité a asentir lentamente.

Warren sonrió y dejo la guitarra sobre el sofá. Yo lo miré, confundida.

—¿Como aprendiste? —pregunté, él elevó la mirada hacia mí y enarcó una ceja—, a tocar la guitarra —aclaré.

Warren se limitó a encogerse de hombros, yo fruncí el ceño, molesta por su cortante respuesta.

—¿Estabas en una banda o algo así? —Él frunció el ceño y luego negó lentamente con la cabeza. —¿Podrías responderme con palabras? —le lance un cojín.

—Podría responderte con besos —sus cejas se movieron de arriba hacia abajo, con una sonrisa pícara en el rostro. Yo ladee la cabeza, tal vez me gustaba esa opción.

Dejé de leer y volví a la realidad. Sentí como se me erizaba la piel. Busqué la siguiente pagina pero esta estaba completamente en blanco. Fruncí el ceño.

—¿Qué sigue? Hunter ¿qué sigue? No puedes escribir algo así y dejarlo a medias —me reproché a mi misma.

Tomé el álbum por el lomo y pasé rápidamente las páginas esperando que cayera alguna carta o algún poema. Sentí algo caer del álbum pero no era una hoja, ni siquiera era papel.

Era algo pequeño y pesado, lo tomé entre mis dedos pulgar e índice; tenía forma circular y parecía hecho de alambre.

—Se suponía que este álbum me daría respuestas pero en vez de eso me deja con más dudas. —me dejé caer de espaldas, una vez más, frustrada, molesta, confundida.

Era como si un remolino de emociones me tragara. Necesitaba respuestas. Necesitaba el otro álbum.

¥¥¥

Toqué la puerta con manos temblorosas. Jugaba con mis dedos mientras esperaba nerviosa a que esta se abriera.

Volví a tocar unas tres veces más hasta que escuché pasos al otro lado, luego la puerta se abrió y un Warren muy despeinado y con cara de sueño apareció frente a mi frotándose un ojo.

Él parpadeó un par de veces y frunció el ceño.

—¿Hunter, qué haces aquí? —preguntó con voz ronca, adormilada.

Me mordí el labio inferior.

—Encontré el álbum. Pero en vez de darme respuestas estoy más confundida que antes. Quiero que me cuentes toda la historia. —exigí.

Warren se hizo a un lado invitándome a pasar, luego cerró la puerta detrás de sí.

—Dame un momento. —desapareció por el estrecho pasillo y luego escuché el sonido del agua del grifo.

Me detuve un momento y escanee la habitación, hasta que mis ojos se posaron sobre la guitarra, me acerqué lentamente a ella y roce la superficie con mis dedos; era de un color rojo intenso y una pequeña parte era de color blanco. Noté que me faltaba una cuerda.

Luego escuché pasa detrás de mí y me giré para ver a Warren estirando los brazos detrás de su cabeza.

—Bien, ¿qué quieres que te diga? —Me giré completamente hacia él.

—Todo. —Él se rascó la cabeza y caminó hacia mí, se detuvo a unos dos metros y luego se dejó caer en el sofá. Dejó caer la cabeza hacia atrás y cerró los ojos.

—Es una historia bastante larga ¿sabes? —Yo me mordí el labio inferior. Si lo era, ya que la mayoría de hojas del álbum estaban completamente llenas.—Deberías ser un poco más específica.

Yo puse los ojos en blanco. Me giré y tomé la guitarra para dejarla sobre su regazo, Warren abrió los ojos y la miró, ceñudo, luego me miró a mí.

—Quiero que toques. —demandé.

—Hace mucho no lo hago. —rebatió.

—Ahora lo harás. —lo miré fijamente hasta que dejó escapar un suspiro y tomó la guitarra. Pasó sus dedos por las cuerdas ajustándolas.

Toco unas notas agudas, parecía desanimado. Volvió a tocar la guitarra pero el sonido que está emitía era irregular.

—Le falta una. —dije mirando sus dedos. —falta una cuerda. —Warren alzó la mirada, sus ojos se encontraron con los míos y una pequeña sonrisa ladina se dibujó en su rostro.

—Chica lista.

—¿Dónde está? —él se encogió de hombros. Yo fruncí el ceño— ¿Donde está? —Warren se limitó a mirarme fijamente con sus ojos adormilados. —¿No me vas a decir?

—Tú álbum. —fue su respuesta, yo fruncí el ceño. Yo había revisado todo el álbum de principio a fin y no había visto ninguna...

Luego recordé el pequeño alambre en forma de circuirlo que había encontrado hace una hora. Cuando el entendimiento llegó a mi busqué en los bolsillos de mi pantalón.

Y ahí estaba.

La pequeña cuerda de la guitarra, envuelta en forma circular. Yo fruncí el ceño y miré a Warren en busca de respuestas. Él se puso de pie y caminó hacía mí, tomo la cuerda y la puso en mi dedo anular, como un anillo.

—¿Por qué? —pregunté en un susurro.

—Es una pieza de joyería única, nadie más la tiene. No te quejes. —dijo sarcástico. Yo reí por lo bajo.

No pude evitar envolver mis brazos alrededor de él e inhalar su aroma. Warren hizo lo mismo. Apoyé mi cabeza en su hombro y tracé un camino con mi nariz por su clavícula, recordando lo que había leído antes en el álbum. Llegué hasta su cuello y subí por su mandíbula hasta que su nariz estuvo punta a punta con la mía.

Capítulo diecisiete

(Contenido +18)

Hunter:

Cerré los ojos, inhalando su aroma, sintiendo su calor; sus manos estaban alrededor de mi cintura, su frente contra la mía, nuestros cuerpos emanaban deseo.

—Bésame —pedí en un susurro.

—¿Qué? —dijo Warren igualando mi tono de voz. Yo abrí los ojos y los fijé en los suyos.

—Quiero que me beses. —admití. Envolví mi mano alrededor de su nuca y lo atraje hacia mi, uniendo nuestros labios, él dudo un momento antes de responder el beso, gentil como siempre, pero yo quería algo más.

Acune su rostro entre mis manos y lo besé con fuerza, sus manos en mi cintura se apretaban cada vez más, como si estuviese conteniendo su deseo. Besé la comisura izquierda de su boca luego su mejilla y descendí mordiendo su mandíbula, Warren gruñó, y luego bese su cuello, él se apartó.

Lo mire con el ceño fruncido. ¿Hice algo mal? Él entendió la confusión reflejada en mi expresión y acunó mi rostro entre sus manos, plantó un casto beso en mis labios y, sin separarse de mí se dio la vuelta y se dejó caer en el sofá, llevándome consigo.

No pude evitar esbozar una pequeña sonrisa.

Warren beso las comisuras de mis labios y descendió hasta llegar a mi clavícula, sus ojos buscaron los míos pidiendo un permiso silencioso, yo asentí levemente con la cabeza y él descendió hasta llegar a mis pechos, pero se detuvo, otra vez.

Una de sus manos subía y bajaba lentamente por mi espalda mientras que la otra estaba fija en mi cadera. Lo escuché gruñir suavemente.

Podía sentir el calor emanando de su cuerpo, y del mío. Mi corazón latía frenético y empezaba a sentir un cosquilleo en medio de mis piernas, húmedo y palpitante.

Un jadeo escapó por mis labios entre abiertos y me moví por inercia, más cerca de él, Warren supo lo que quería hacer y me detuvo agarrándome por la cintura. Me lanzó una mirada confusa.

—Quiero sentirlo —dije cerca de sus labios, él apartó las manos y me dejó hacer lo que yo quisiera. Me acomode sobre aquel bulto duro que empezaba a asomarse por sus pantalones y el calor aumentó en mí entrepierna,

Warren puso los ojos en blanco y supuse que sentía lo mismo que yo, hasta más fuerte me atrevería a decir.

Una sonrisa de picardía tiró de las comisuras de mi boca.

Me acerqué a él y le mordí el labio inferior y seguí dejando besos por toda su cara, recorrí un camino desde su mejilla hasta el lóbulo de su oreja y lo mordí.

Él apretó más fuerte mis caderas, yo iba a empezar a moverlas sobre él cuando se puso de pie conmigo encima, con mis piernas alrededor de su cintura mordisqueo mi cuello mientras nos encaminaba a la habitación.

Me dejó caer de espaldas sobre la cama y me halo por una pierna hasta dejarme en la orilla, no pude evitar sonreír por eso. Puse mi pie sobre su pecho y el acarició mi pierna seguido de besos.

Podía ver el deseo en sus ojos, supuse que los míos estaban igual. Su respiración era pesada e irregular, su pecho subía y bajaba rápido pero sus ojos estaban fijos en mi.

Por un momento la habitación quedó en completo silencio, solo éramos él y yo, no había nadie más, no existía nada más, solo este momento congelado en el tiempo y grabado en mis pupilas.

Warren se puso de rodillas mientras me besaba las piernas hasta llegar al Muslo, desde su posición me miró a los ojos con una pregunta detrás de estos, yo asentí y él siguió; sus manos levantaron lentamente mi camiseta revelando la piel erizada de mi abdomen, mis ojos se cerraron instantáneamente.

Mis manos llegaron a su cabeza y mis dedos se enredaron en su cabello largo.

Tomé una de sus manos y la guié hasta uno de mis pechos, sus dedos jugaron con mi pezón erecto. Él se quitó la camiseta y yo intenté desabrochar mi pantalón, Warren se dejó caer a mi lado.

Cuando me quite el pantalón me subí a horcajadas sobre él, sintiendo aquel bulto otra vez. Warren se sentó y mis pechos quedaron a la altura de su cara, él los amasó suavemente, enviando corrientes eléctricas al punto palpitante entre mis piernas.

Lo miré a los ojos.

—Sácatelo. —Warren me miró, no refutó pero tampoco hizo lo que le pedí sólo se dejó caer de espaldas en la cama.

Yo puse los ojos en blanco y moví mi mano hasta su entre pierna, dentro de sus pantalones de pijama, lo tomé entre mis manos, estaba duro y húmedo.

Una sonrisa de suficiencia se dibujó en su rostro y entrelazó sus manos detrás de su cabeza. Yo fruncí el ceño.

—¿Qué estás haciendo?

—Dejando que hagas lo que quieras conmigo. —hizo una pausa y sus ojos recorrieron mi cuerpo sobre el suyo y se detuvieron en mi ojos—. No me importaría dejarme usar de ti.

Sabía que estaba siendo sarcástico pero aún así no pude evitar reír.

—¿Me estas dando permiso? —pregunté con falsa inocencia, él asintió lentamente.

Me acerqué otra vez y lo besé, sintiendo esa sensación de plenitud dentro de mi, y no por el deseo sexual creciente sino por el momento, la sensación, las emociones, la rapidez con la que latía mi corazón. Sentía que esto era especial.

Esto estaba pasando, realmente estaba pasando y quise guardarlo en mi mente aún sabiendo que no podía evitar que el recuerdo se escapará, quería tenerlo ahí, como un ave enjaulada en mi corazón.

Yo me deshice de mi camiseta, y él de su pantalón y ropa interior. Ambos, en silencio, mirando, compartiendo un momento íntimo. No pude evitar pensar que se reproducía "I Wanna be yours" de Arctic Monkeys en mi mente, porque este momento se sentía como esa canción.

(I wanna be yours. I wanna be yours. I wanna be yours)

Si, yo quería ser suya.

Y ahí estábamos, completamente solos, a oscuras, desnudos. Uno sobre otro. Mechones de mi cabello se adherían a mi rostro, y él los quitaba.

—¿Segura? —preguntó, con su "erección" en mi entrada. Yo cerré los ojos y asentí lentamente.

No voy a mentir, si dolio, y no fue como esperaba. No fue "perfecto" como lo pintan en el porno, en los libros o en las películas. Fue bueno, a nuestra manera.

Sentí como cada centímetro se abría paso dentro de mí.

—Lento. —pedí suavemente, él hizo lo que le pedí mientras que seguía besando mi cuello, clavícula y mis pechos. Se metió uno a la boca e hizo círculos alrededor de este con su lengua. —Muérdelo —dije y él lo hizo.

No pude evitar que mis ojos se pusieran en blanco. Instintivamente mi cabeza se echó hacia atrás.

18

C apítulo dieciocho

(Contenido +18)

Warren:

Ella estaba sobre mi. Yo estaba dentro de ella. Tenía mis manos en sus caderas. Mis latidos eran acelerados y mi respiración agitada. Nuestras siluetas formaban unas sombras extrañas sobre la pared al otro lado de la habitación.

Hunter se movía lentamente sobre mí. Sentía como su humedad se extendía a lo largo de mí polla. Miré sus pechos, estaban justo frente a mi cara, ella me pilló y una sonrisa coqueta tiró de las comisuras de sus labios se acercó lentamente a mi y me beso, sus labios se sintieron suaves sobre los míos.

Yo envolví mis brazos alrededor de su cintura, por toda su espalda y me las ingenie para hacerla quedar debajo de mi, Hunter envolvió sus piernas alrededor de mis caderas y se sujetó de mis hombros.

Yo la besé, besé sus labios, su cara, su mandíbula y clavícula, descendí hasta llegar el valle entre sus pechos y besé su pezón erecto, ella enredó sus manos en mi cabello y tiró de él. Yo gruñí suavemente contra su piel.

Pude escuchar los acelerados latidos de su corazón golpeando contra su caja torácica, si piel erizándose y su piel suave contra la mía.

Rocé la punta de mi erección sobre su húmeda entrada; Hunter se mordió el labio así que lo volví a hacer, varias veces hasta que en su mirada pude ver la desesperación.

Ella fijo sus ojos en mi y con un suspiro entre cortado dijo:

—Hazme recordar esto. —me tomó por el cielo y me besó—. Te prometo que no lo olvidaré.

Empujé lentamente, el calor de su humedad me recibía y sus uñas se enterraban en mis brazos.

Los latidos de mi corazón se aceleraban cada vez más y más. Ella se arqueó contra mi y yo tomé sus caderas. Un jadeo escapó de sus labios y sus ojos se pusieron blancos.

¥¥¥

Yo estaba sobre ella, mi cabeza descansaba sobre su abdomen mientras que Hunter jugaba con mi cabello.

—Warren. — llamó, yo tenia los ojos cerrados—¿Qué crees que fuiste en tu otra vida?

Me quedé en silencio un momento, procesando su pregunta.

—Creo que en mi otra vida fui tuyo.

—¿Y que quieres ser en tu siguiente vida?

—Tuyo otra vez.

Sus manos se detuvieron por un momento.

—¿Y si yo no estoy?

—Te buscaré.

—¿Y si no te recuerdo?

—Haré que lo hagas —besé su abdomen. —Te lo prometo.

—¿A que tienes miedo? —preguntó ella. Yo pensé mi respuesta en silencio.

—A perderte. A qué me olvides. —hice una pausa. —¿Tú a que tienes miedo?

Sus manos se detuvieron enredadas en mi cabello, ella respiró hondo y tragó fuerte.

—A olvidarte.

19

C apítulo 19

Presente Warren:

"A olvidarte"

Hunter se había quedado dormida con sus manos aún en mi cabeza. Yo estaba sobre su abdomen, podía sentir el suave vaivén cada que respiraba, y los latidos de su corazón.

"A olvidarte"

Sus palabras se repetían en mi cabeza. ¿Cuantas veces no había escuchado esas palabras salir de su boca? Sabía perfectamente el miedo que las acompañaba. Ya lo había dicho antes, solo que ella no lo sabía. Lo había olvidado pero el recuerdo seguía en mi mente, tan vivido como la primera vez.

Pasado:

Estábamos viendo "El joven manos de tijera", yo estaba comiendo cereal y la cabeza de Hunter estaba sobre mi regazo, sus piernas extendidas a lo largo del sofá.

—Es raro ¿no?

—¿Que cosa? —pregunté llevándome otra cucharada a la boca.

—Es raro como las fotografías son eternas. —yo la miré confundido por su pregunta universal. —Solo mira esta película, tiene más de 20 años, y ellos se ven tan jóvenes. —hizo una pausa—. Es como un momento congelado en el tiempo.

No supe cómo responder a eso, ella tenía razón pero ¿acaso no era ese el punto de las películas? ¿ser eternas?, era una de esas preguntas que llevan a otra y a otra y a otra para una explicación completa.

—Para eso son las cámaras ¿no? —pregunté— para mantener momentos congelados en el tiempo...

Parpadeé varias veces, por un momento me olvidé de la película, y una idea me llegó a la mente.

"Es como un momento congelado en el tiempo..."

—¿Warren? ¿Me estás escuchando? —yo dejé el tazón de cereal a un lado y la miré.

—¿Quieres ver el amanecer en la playa? —solté.

Hunter parpadeó un par de veces, sus ojos marrones viéndome con curiosidad. Una sonrisa se dibujó en su rostro y se incorporó a mi lado en el sofá.

—Pero son las tres de la tarde. —dijo con el ceño fruncido. Yo sonreí.

—Está noche, abrígate bien, pasaré por ti en la madrugada.

Ella abrió la boca para decir algo pero la tomé por la barbilla y la besé, ella dudó un momento, pero luego me respondió el beso.

¥¥¥

Creo que debí pensarlo mejor cuando dije "ir a la playa a ver el amanecer" no pensé en el clima.

Nunca había estado en la playa cuando hacía frío, era algo extraño, algo nuevo. Las olas rompían en la orilla y una suave brisa me erizaba la piel.

—¿Cuánto falta para el amanecer? —preguntó Hunter abrazándose así misma, también tenia frío y no la culpo.

Miré el reloj imaginario en mi muñeca.

—Unos veinte minutos. —ella miró mi mano y frunció el ceño.

—Ni siquiera tienes reloj.

—Si tenia, solo que las agujas se congelaron y ya no funciona. —dije con una sonrisa burlona.

Ella puso los ojos en blanco y caminó hasta la orilla, donde el agua salada abrazaba la arena fría, y se sentó, abrazando sus pies contra su pecho.

La brisa hacía mover salvajemente mechones de su cabello, tenia un gorro de lana rojo pero eso no evitaba que mechones de su cabello se movieran rebeldes contra su cara.

Yo caminé hasta ella y me senté a su lado, Hunter estaba maldiciendo en voz baja porque el cabello le había entrado en la boca.

Yo saqué un cigarrillo y me lo lleve a los labios, busqué en los bolsillos de mi pantalón el encendedor, por el rabillo del ojo pude ver que Hunter me miraba.

—¿Vas a fumar ahora? —preguntó en un tono molesto.

—Si ¿que tiene? quiero mantenerme caliente de alguna manera —dije encendiendo el cigarrillo o por lo menos hice el intento ya que el encendedor no quería funcionar—. Maldita sea.

La escuché reírse por lo bajo.

Me di por vencido; el encendedor no funcionaba y dudo que llegará a hacerlo.

Me lamí los labios.

—Bueno, supongo que moriré de frío. —guardé el cigarrillo pero mantuve el encendedor entre mis dedos fríos.

Hunter se acercó lentamente hacia mí y me pasó un brazo por sobre los hombros.

—Yo te mantendré caliente. —dijo, el vapor haciéndose visible con cada palabra que salía de su boca. Yo me abracé a ella, y apoyé mi cabeza sobre su pecho.

El silencio se apoderó del momento, solo el sonido de las olas lo rompía; poco a poco, en el horizonte, el sol empezó a asomarse cubriendo primero el cielo con suaves destellos dorados, luego brillando suavemente sobre las olas y finalmente acariciándonos con su calor.

Pero yo aún tenía frío.

Hunter dejó escapar un suspiro.

—Es hermoso. —dijo en voz baja, yo me acomodé a su lado y pasé un brazo por sus hombros, pude ver como sus ojos se cristalizaban.

—No quiero olvidarlo —dijo casi en un susurro—, esto, quiero me permanezca para siempre en mi memoria pero sé que es imposible, tarde o temprano el recuerdo siempre desaparece.

La tristeza era palpable en su tono de voz, era algo que estaba fuera de su control y eso le dolía. También me dolía a mi, sabía que en algún momento ella me olvidaría.

Busqué mi mochila, había empacado abrigos y comida y el regalo que le había comprado.

—Sobre eso —empecé a decir—, ¿recuerdas lo que dijiste ayer en la tarde? —ella me miró con el ceño fruncido, molesta—. ¿Qué? no estoy bromeando, ¿lo recuerdas? Lo de que las películas son momentos congelados en el tiempo —le recordé, ella asintió.

Yo saqué la cámara que le había comprado y se la entregué. Ella la miró confundida.

—Esto —dije—, es para que congeles todos los momentos que quieras.

Hunter parpadeó un par de veces, y yo sonreí. Me puse de pie y ella hizo lo mismo, encendí la cámara y me coloqué detrás de ella, con mis brazos sobre sus hombros, miré por el lente y enfoque el amanecer, luego coloqué la cámara sobre sus ojos.

—Solo tienes que apretar aquí —tomé una foto— y listo. Ahora, para ver la foto solo tienes que darle en la flecha de la derecha.

Ella me miró y sonrió, luego tomó la cámara entre sus manos, e hizo lo mismo que yo había hecho. Se giró hacia mi, como una niña, había una sonrisa en sus ojos. Puso la cámara en sus ojos y me tomó una foto.

¥¥¥

Hunter siguió tomando fotos por un largo rato, el sol ya había salido por completo pero aún hacía frío, mucho frío.

Ella corrió desde la orilla de la playa hasta donde yo estaba y se sentó a mi lado, giró la cámara y nos tomó una foto.

Yo fruncí el ceño.

—Ni siquiera sabes si ha quedado bien.

—No me importa —fue su respuesta—. Dijiste que puedo congelar todos los momentos que quiera.

—Tienes razón. Lo dije. —me maldije internamente por eso.

Ella se mordió el labio mientras miraba el carrete de fotos. Había una sonrisa de oreja a oreja dibujada en su rostro.

Hunter apoyó su cabeza sobre mi hombro y susurró un "Gracias" bajito, yo besé su frente.

—¿No tienes frío? —pregunté al verla descalza, ella negó. —Ponte los zapatos, te vas a resfriar. —Hunter hizo caso omiso a mi protesta.

—No importa —dijo. Ella dejó caer su cabeza sobre mi regazo.

—¿Qué escuchas? —preguntó tomando uno de mis auriculares entre sus dedos.

—Nada. —mentí—. Guarda las fotos en el álbum.

—¿Qué álbum? —preguntó confundida, yo la miré con una expresión neutra hasta que su sonrisa burlona delató su mentira—. Las guardaré en el álbum. —cedió, asintiendo.

Yo me coloqué los auriculares otra vez, pero luego sentí sus dedos fríos en mis mejillas. Hunter tomó mi cara entre sus manos y me besó, yo acepté, siendo sincero no es algo a lo que me negaría. Mi mano fue directo a la parte trasera de su cuello intensificando el beso.

—Gracias —susurró contra mi boca y dejó un último beso luego se apartó, sus ojos escaneando mi cara. Pude ver las lágrimas asomándose en ellos.

No quise preguntar, pero supuse saber lo que estaba pasando por su cabeza.

Ella acunó mi rostro entre sus manos, estaban frías.

—Eres como un sueño —dijo, sus grandes ojos marrones fijos en los míos—, y sé que cuando despierte te olvidaré —yo hice una mueca, ella hizo una pausa y luego añadió—: No quiero despertar. No quiero. —negó con la cabeza.

Presente:

Supongo que todos los buenos recuerdos llevan algo de tristeza en ellos, después de todo así es la vida, si no existiera la oscuridad no existiría la luz, si no hay tristeza ¿como sabes que hay felicidad?

La memoria es parte de ese ciclo.

CPSIA information can be obtained
at www.ICGtesting.com
Printed in the USA
LVHW020859210323
742068LV00004B/204